# 訪古記

一个人
周末博物志

强雯 著

广西师范大学出版社

·桂林·

访古记：一个人周末博物志
FANGGUJI: YIGEREN ZHOUMO BOWUZHI

**图书在版编目（CIP）数据**

访古记：一个人周末博物志 / 强雯著. -- 桂林：广西师范大学出版社，2024.7
ISBN 978-7-5598-7028-5

Ⅰ. ①访… Ⅱ. ①强… Ⅲ. ①考古学－中国－文集 Ⅳ. ①K870.4-53

中国国家版本馆CIP数据核字（2024）第108302号

广西师范大学出版社出版发行
（广西桂林市五里店路9号　邮政编码：541004）
　网址：http://www.bbtpress.com
出版人：黄轩庄
全国新华书店经销
广西广大印务有限责任公司印刷
（桂林市临桂区秧塘工业园西城大道北侧广西师范大学出版社集团有限公司创意产业园内　邮政编码：541199）
开本：889 mm×1 240 mm　1/32
印张：8.375　　　字数：150千
2024年7月第1版　　2024年7月第1次印刷
定价：68.00元

如发现印装质量问题，影响阅读，请与出版社发行部门联系调换。

# 目 录

**第一章**
**重器与文玩**

| | | |
|---|---|---|
| 尊贵的尊 | | 002 |
| 釜釜生威 | | 010 |
| 爵来爵往 | | 017 |
| 皇家礼器与案头文玩 | | 023 |
| 夏玉的艺术与权术 | | 030 |
| 青铜泡：面如乐器的武器 | | 036 |
| 泸州灯台与度缘 | | 042 |
| 德化窑的水火之玩 | | 048 |
| 不折腾不是省油灯 | | 054 |
| 寻香博物馆 | | 060 |

**第二章**
**小城一浮梦**

| | | |
|---|---|---|
| 合江一千零一夜 | | 070 |
| 铜梁明代石俑之梦 | | 079 |
| 灵魂居所 | | 089 |
| 死了都要爱 | | 095 |
| 天车的世界 | | 103 |
| 南宋的偷安 | | 110 |

| | |
|---|---|
| 千门开锁万灯明 | 116 |
| 摇钱树，把谎言坐实 | 123 |
| 金朝瓷枕的王国 | 130 |
| 永川黄粱一梦 | 140 |
| 富贵且如猪油白 | 145 |

**第三章**
**受欢迎的石头**

| | |
|---|---|
| 山花碑：美到极处是虚无 | 156 |
| 涪陵水下之春 | 162 |
| 石门开门 | 169 |
| 对峙的北碚塔坪 | 176 |
| 以暴制暴的金刚塔 | 182 |
| 泸州闹市报恩塔 | 188 |
| 雨台山与清代残碑 | 192 |

## 第四章
## 动物皆汹汹

| | |
|---|---|
| 地球上的租客 | 200 |
| 物大为牛 | 206 |
| 中国龙，南美龙 | 212 |
| 生肖铜镜的照拂 | 220 |

## 第五章
## 小技艺大美丽

| | |
|---|---|
| 贵贱忍冬 | 226 |

## 第六章
## 天地玄黄

| | |
|---|---|
| 严肃的狂欢 | 234 |
| 给我头盔 | 241 |
| 寻古小田溪巴王墓群 | 249 |

后记：寻古，让我们离智者的世界更近　　256

CHAPTER ONE

第一章

# 重器与文玩

# 尊贵的尊

铜雁形尊

"尊彝"是酒器统称,不过在现实生活上,它又能是名词,"尊彝"是一种盛酒、注酒、用作祭祀的重要礼器。这种鸟兽的尊代表的时期的礼品,多为青铜制成,庄重,庄严,所以就有了"为庆祝'尊老敬贤'"之意。

"尊贵",这个词总让人想到德高望重、位高权重。尊贵的国王,尊贵的大臣,尊贵的客人,把"尊贵"二字赋予他们,除了表示敬重、制造隆重的氛围,也显得百姓的仰望如此虔诚。

"尊贵"是形容词,不过在源头上,它可能是名词,因为"尊",是一种贵重、庄严、肃穆的重要礼器。这种盛行于商代至西周时期的礼器,多为青铜铸成,厚重、庄严、望一眼便有"力拔山兮气盖世"之威。尊的形制有圆腹或方腹,也有直接模仿动物的形态,敞口,或采用封闭口,在其腹中盛装食物和酒。说到这里,人们或许觉得有些眼熟:不错,尊和鼎可看成一家兄弟,两者在外形和功能上有一些相似之处,不过,地位却不一样。尊的地位仅次于鼎。尊,最初出现时,是在祭祀的时候,用于祭拜天地神灵,祈求苍生安康、统治长久。随着时代的变化,后来在一些达官贵族大的家宴中,也出现了尊,作为盛酒器而存在。功能改变了,其形制自然也发生了变化,有小巧的能放在宴桌上的,作为日常使用;也有作为冥器,进入地下的。

汉字语言成熟于商周时期,因此"尊"字引申的"尊贵""尊敬""尊重"等词被保留了下来。

中国历史上出现的尊，名气最大的当是四羊方尊，这件走进了中学历史教材的文物，原出土于湖南，现藏中国国家博物馆。四羊方尊的四肩及腹部设计为圆雕的大转角羊，羊腿附于尊的圈足上，羊首之间还有浮雕的三角形的龙头，龙身蜿蜒在方尊的肩上。耐看之处，在羊的胸腹处还铸长冠凤鸟，圈足上饰夔龙纹。各主纹之间填饰刚劲、圆润的几何纹或由几何纹构成的怪兽纹，平面纹饰与立体浮雕交相辉映，其铸造工艺让它晋升为尊中之尊，至今仍是青铜器的巅峰之作。

也许是四羊方尊的名气太大，作为尊的造型太精致，在其他地方出土的尊，反而被忽略了。在青铜器中，尊似乎更像是鼎的配角，没有稀世青铜罍易出新闻，也没有青铜爵那样精致，所以，大多品相敦厚的尊，就真的敦厚而沉默了。但实际上，在陕西、安徽、四川、重庆等地博物馆中，时常能看到尊的身影。观察这些尊贵的尊，更有在文化迷雾中穿梭的趣味。

在重庆地区就有一款"巨无霸"三羊尊，1980 年出土于重庆市巫山县大昌镇大宁河畔的李家滩[①]，通高 42.8 厘米，该器造型呈喇叭口状、束颈、折肩、弧腹、高圈足。器身以云雷纹为地，上饰夔纹和饕餮纹；造型与纹饰总体呈中原文化商末时期的特征，而模糊的地纹、粗犷的铸造风格，又表现出浓郁的地方特色。因此，三羊尊应该是巴人在商文化强烈影响下的一件自制重器，是迄今所见巴人故地最早的一件大型青铜容器，现藏于重庆中国三峡博物馆，是镇馆之宝之一。

不过青铜器的大宗，得追溯到中原一带，所以在中原青铜文化传播到湖南、重庆等当时的边远之地前，在离中原政权更近的地方已经有了十分惊人的发现。

陕西省汉中市城固县，在汉中盆地中部，自夏起即为褒国统治中心，至周褒国发展为"南国领袖"，盛极一时。那里土地肥沃，物产丰富，适合

---

[①] 重庆市文物考古研究院提供。

兽面纹铜尊
（城固县博物馆藏）

早期人类居住，因此在苏村、五郎庙等地分布着较多的古文化遗址，曾出土了大量的殷商时期的青铜器。城固县博物馆收藏了好几个形制浑厚的青铜尊。这些尊虽然在博物馆中被统称为兽面纹青铜尊，但还是略有不同。

1964年，城固县原公镇宝山苏村出土的一款兽面纹青铜尊，通高39.2厘米，口径37厘米，腹径26厘米，腹深29.3厘米，圈足22.8厘米，重5.871千克，喇叭口，颈较高，折肩，腹壁稍有斜直，圈足较高，足向下端斜出，足上部有等距的三个方形镂孔，颈下部饰三道凸弦纹，肩部装饰有云雷纹，以及等距的浮雕的三羊首，羊首下饰饕餮面，并填以云雷纹。②

饕餮纹来源于怪兽饕餮，这是一种食欲旺盛、贪得无厌的凶猛神兽，但这种神兽在古代却被雕刻在各种器具上，用以辟邪，用以通灵。所以，尊，也在饕餮纹的装饰下，多了上通天地、下达人民的介质之功。

苏村出土的这款青铜尊外形偏大，有点像今天用陶瓷或玻璃制成的放在客厅玄关的大敞口花瓶，或许当时也是作为陈设摆出来的。

② 城固县博物馆提供。

1975年，莲花办事处五郎庙村出土了一款兽面纹铜尊，比前者略小一些。器皿敞口、敛颈、圆肩、鼓腹、圜底、圈足，颈部装饰有两道弦纹，肩部装饰夔纹与牛首，腹部装饰三组饕餮纹，足部装饰夔纹，圈足上有三个椭圆形镂空。器物通高24厘米，口径17.6厘米，足径13厘米，足高4厘米，重3.3千克。③

此外，1980年龙头镇龙头村出土的兽面纹铜尊与2014年莲花办事处湑水村出土的兽面纹铜尊，两者均表现为侈口，喇叭形高领、窄肩、下腹内收、高圈足。

城固县的这几款青铜尊原都是窖藏在土地中，因为什么缘故而窖藏还没有标准的说法，但其保存十分完好，在"金之重地"的城固，其铸造精良、纹饰独特让人过目难忘。这种兽面纹尊应该是当时比较普及的样式，非常流行，在当时仍是奴隶社会的巴蜀地区也有类似的作品，如今在重庆中国三峡博物馆、四川博物院都能看见类似的兽面纹尊。

看着这样的尊，不由得联想起尊贵、尊重等词，顿觉这些词是真正的名副其实又寓意丰富，中国人遣词造句又是何等的质朴、聪明。这尊的形象和引申义，就是从这体形的沉、重以及工艺的威、灵而来。

在城固以东的汉中洋县三村出土了青铜尊一件，其尊肩、尊腹相接的地方装饰有三个等距离宽的高浮雕牛首，威严肃穆；其肩与腹上部装饰有夔纹。

与汉中毗邻的四川，也有青铜尊出土。举世瞩目的广汉三星堆遗址二号祭祀坑出土有三牛铜尊和三牛三鸟铜尊各一件。

东部的安徽也有不少青铜尊精品。安徽博物院藏有几款青铜尊，总体而言比城固县的高大。④ 一款是1957年安徽省阜阳市阜南县月牙河出土的商代尊。此尊高47厘米，口径39.3厘米，侈口，折肩，鼓腹，圈足。肩置三兽首，兽首间用扉棱分隔。肩饰云纹，腹饰三组浮雕兽面纹，器内壁随

---

③ 城固县博物馆提供
④ 安徽博物院提供

表面浮雕而凹凸不平，圈足有三个"十"字形镂孔。

而另一款龙虎纹青铜尊在画面设计上更为直接，突破了饕餮这种勾勒性的线条，采用了浮雕方式，将青铜尊的造型又向前推进了一步。这款龙虎纹青铜尊通高 50.5 厘米、口径 44.7 厘米，重约 20 千克。

龙虎纹铜尊的纹饰图案精美绝伦，它的肩部以圆雕和浮雕相结合，塑造了三条生动的蟠龙形象，龙身蜿蜒，龙首探出，龙首的额部有双角，阔吻巨口，两眼大睁。龙虎纹青铜尊的腹上饰有三组相同的"虎噬人纹"，中间为凸出器表的立雕虎头，两侧展开双身，虎尾下垂，饰条纹。虎口下呈人形，双臂向上屈伸，两腿向下蹲，虎作食人状。两组虎尾下饰以扉棱为鼻而组成卷云角、上卷尾的连体兽面纹。骇人的纹饰配上灰绿的锈色，更凸显龙虎纹青铜尊的神秘庄重。龙虎纹青铜尊现被收藏于中国国家博物馆，它为高圈足，圈足上有三个十字形孔，下饰椭圆目的兽面纹。这种可怕的食物链画面，是早期人类对弱肉强食的自然规律的理解，也希望此绘画有辟邪之功用。

在大多数人印象中，尊虽然是呈现方形或圆形，显示地位与权力，但也有动物形状的。那是因为在春秋后期，作为祭祀用品的尊，渐渐地走下了祭坛，走上了餐桌，尊的造型也发生了改变，比如禽尊、牛尊、象尊、虎尊、鹰形尊等，都是直接按照动物的形状制作青铜尊。因为造型可爱，放在餐桌中，既有青铜的庄重，又增加了情趣，这些改良尊，可以说十分的接地气了。

在陕西历史博物馆，就有一款牛尊，造型为母子牛。一头青铜大牛直立作为装载容器，小牛站在大牛背上，温情脉脉，而小牛站立的地方正好是活动门，打开便可装载酒或供品。所以小牛既是艺术品，又是把手工具。

1997 年出土于重庆巫山的青铜雁形尊也和上述的母子牛尊有异曲同工之美。雁呈卧姿，长颈，身上的羽毛雕刻细密、精致。表面残留鎏金，现在已经斑驳。经考证，这款雁形尊是西汉时期铸造的。在大雁背上有一个盖子，可以打开，盛装酒或食物。

并不是所有的动物尊都能装酒，比如重庆中国三峡博物馆的镇馆之宝之一的鸟形尊。它于2002年出土于涪陵小田溪墓地，是战国时期的青铜器。通体长28厘米，宽16.8厘米，高29厘米。⑤此尊整体呈鸟形，活灵活现，具有鱼嘴、鹰喙鼻、兽耳、凤冠、鸽身、鸭脚。全身雕刻有细密的羽纹，并镶嵌绿松石，精美耐看。青铜器中的尊本是酒器，但奇怪的是，这件鸟形尊除嘴外无孔出入，不具备容器的实用性。但其体轻、壁薄、中空，铸造难度极高，匪夷所思。这款尊也展现了巴人丰富的审美情趣、精妙的工艺水平和高超的铸造技术，堪称艺术精品。

青铜鸟型尊背面（重庆中国三峡博物馆藏）　　青铜鸟型尊头部（重庆中国三峡博物馆藏）

⑤ 重庆市文物考古研究院提供

春秋青铜龙耳尊
（上海博物馆藏）

上海博物馆则有一款龙耳尊，采用折中方式。这款春秋早期的青铜尊高39.1厘米，口径35.4厘米，底径32.2厘米，重29.05千克。[6]敞口、细颈、广肩，鼓腹逐渐内收，平底置圈足。两侧饰龙形把手，龙首回顾，尾上卷，四爪与器身相连。肩饰斜角雷纹，器身主体布满横向沟纹，纹饰风格都不是中原器型上所常见的。这款尊既用到龙的造型和寓意，又保持了尊更直接的实用功能，二者的结合十分完美，可谓大气又精致。

1976年，河南安阳殷墟妇好墓也出土了两件成对青铜鸮尊，器身铭文"妇好"，整体呈站立鸮形。鸮在商代被认为是一种神鸟。青铜鸮尊两足与下垂尾部构成三个稳定支撑点，头后为器口，盖面铸站立状的鸟，是中国商代青铜器中的精品，这件器物也多次出现在央视的《国家宝藏》节目中。如今一款藏在中国国家博物馆，另一款藏于河南博物院。

细数青铜尊，竟然有亦庄亦谐之美，青铜斑驳、鎏金闪烁，历史的吉光片羽，诠释着"上得厅堂、下得厨房"的易数之美，角逐之美，庇佑之美。

---

⑥ 上海博物馆提供

# 釜釜生威

铜釜

古人烹食器具中，釜不是唯一，还有鬲、甑、甗等。可哪有釜，相关这么多与釜有关的词：炮釜、寄釜、甑釜、釜甑、地釜、鱼釜、釜钟、釜敦、釜鬵……别古往大计算不过来这些词频度的增加，釜能地位、在百姓文化中，可见一斑。

"煮豆燃豆萁,豆在釜中泣"称得上流传最广的与"釜"有关的名句。因为这一句,就算不解釜为何物、没见过釜的后人,也能在想象中勾勒一幅"一锅焖"的景象。

不过等到博物馆里,看见了釜"灰头土脸、不修边幅"的模样,多少会让人有些失望,毕竟,釜的真实模样太容易让人遗忘了。而细细想来,在破釜沉舟、釜底抽薪、釜中游鱼、瓦釜雷鸣等诸多成语中,"釜"更多也只是个背景板而已,我们往往只关注成语本身的意义,把"釜"抛在了一边。

正因如此,陶制的、青铜制的、铁制的釜,列队在各地博物馆的新石器时代、青铜时代和铁器时代的出土文物之中,若不是成批出现,很容易被一晃而过。

但这确确实实就是釜,见证人类文明早期以来数千年历史进程的煮饭工具。

早在新石器时代,釜就已经出现。那时的原始人用陶泥制作釜,有点像燕子衔泥铸就的窝。陶釜是用黏土一块块黏合的,广口、鼓腹、圜底。在中国国家博物馆里,有一款典型的河姆渡人使用过的黑陶釜,高25.5厘米,口径12厘米。[①] 其胎质为夹炭黑陶,粗厚疏松,较轻,吸水

---

① 中国国家博物馆提供

陶釜（恩施土家族苗族自治州博物馆）

性较强，底部部分脱落。河姆渡人在制作此陶釜时，有意加入了稻壳、稻茎、稻叶碎末，这样可以减少陶釜因干燥而开裂情况。陶釜在使用时，需要在下部搭支架点火，火借风势，越烧越旺，便可静待釜中的食物煮熟，用以饱腹。想象一下，原始人围坐在陶釜面前，等待一场驱逐饥寒的大餐，是多么愉悦。"釜釜生成"的画面，令人何等惬意。

其实，在人类的煮饭工具中，釜不是唯一，还有甑、罐、鬲等，但唯有釜，拥有这么多天马行空般的词语：栎釜、资釜、悬釜、釜煤、镬釜、灶釜、釜钟、釜鼓、釜砾……简直让人计算不过来这些词语具体的指称，釜的地位，在汉语文化中，可见一斑。唐代王绩写道："金壶新练乳，玉釜始煎香。"白居易在《李夫人》一诗也称汉武帝为救李夫人"又令方士合灵药，玉釜煎炼金炉焚"。这诗文中的"玉釜"并非真是用美玉制成，因为玉是经不起高温火烤的，高温下的玉，其分子会产生变化，最直观的是，玉不再温润，而且颜色也会发生极大的变化。所以古人不过是用玉来比喻其美好、贵重，当然也不排除玉釜是历代文人的一种想象之物，是为了衬托釜中的香茗和灵药之尊贵。而玉釜这种称呼在道家中倒是经常使用，他们将炊事的釜尊为玉釜，但这些釜其实也是陶制或青铜制的。

不过诗人的幽深、高远，让釜中之物与釜本身都成了良品。

博物馆里的釜，谈不上颜值，外貌就是武大郎一般的"矮矬穷"，庄严威武自然不及鼎，精致也不及三足鼎立的鬲，但它就是这么朴实无华地伴随人的生理和心理。各种意义，真是耐人寻味。

釜，看上去像没有足的鼎，也有的釜直接采用了二合一的功能，比如釜和灶连体。在山西的运城博物馆就有这么一款陶釜灶。它产于新石器时代晚期，高33厘米、口径21厘米，出土于垣曲县古城镇东关遗址。[2]此物为夹砂陶。口微侈，花边口沿，直颈，底残；方形灶门，灶门边粘贴较厚的泥条，用以加固，有四个椭圆形烟孔，两侧附舌形鋬手。器身饰较整齐的竖篮纹及三道附加堆纹。

民以食为天，釜所承担的实际功能，让人类不断地歌颂，它像黄土一样，被长期铭记。

在贵州省博物馆里，有一款饰虎青铜釜，产于战国末期至西汉早期，通高32.8厘米、口径43.2—44.3厘米、最大腹径49厘米。[3]

这件饰虎铜釜出土于贵州省赫章县可乐墓地，器壁光滑匀称，体量硕大，出土时套于死者头部，器外壁布满烟炱痕迹，可见生前使用过。该饰虎铜釜呈圆口，折沿，斜肩，鼓腹，圜底。釜腹上部对称纵向上有两只辫索纹环形大耳，耳上饰辫索纹6组12道。在肩腹部对称饰一对立虎，虎昂首向天，尾巴耸立，形态威严，有天下独尊之气势。二虎虎身饰斑纹，头后部饰一组卷云纹，颈部各饰有一条项圈，项圈前半部刻一系带类纹饰，后半部刻六个小方格，每个方格内刻一贝纹。自古以来，虎代表权力，而

---

[2] 运城博物馆提供
[3] 贵州省博物馆提供

釜是民生社稷之物，这款墓葬品象征着生前主人的威望，死后还将继续此荣耀。虎颈项圈表明虎为人所控制，进而表明了器主对自然界的超凡掌控力。通过将立虎神化，器主的权力与威势得到了进一步的加强。

其实，在西南地区青铜文化中，圜底铜釜的广泛使用是巴蜀文化、夜郎文化、滇文化、百越文化共同具有的特征。这不仅是因为釜是古代社会人类使用最为便捷、用途最为广泛、制作工艺最为简单的器皿，还因为圜底釜适应山区、水泽的地理环境。它既可作炊器，也可直接用作食器。在神秘的夜郎文化中，它还有个特殊的用途，如前文所述，作为身份高贵的死者下葬时的头部扣器。这种形式的墓葬也被称为"套头葬"，是夜郎文化一种特有的葬俗。

作为煮食器皿，釜因为没有腿，更便于携带，在行军队伍中是必备之物。从《史记·项羽本纪》中走出的成语"破釜沉舟"，使釜拥有了特殊的军事意义和人文内涵。故事自然是"王侯将相宁有种乎"的核，公元前207年，项羽率领的起义军与秦将章邯率领的秦军主力部队在巨鹿（今河北邢台市）展开大战；项羽不畏强敌，引兵渡漳水（当时由巨鹿东北流向东南）。渡河后，项羽命令全军："皆沉船，破釜甑，烧庐舍，持三日粮，以示士卒必死，无一还心。"巨鹿一战，秦军溃败，项羽声望在外，战胜回营后诸侯不敢正眼视之，为日后夺取政权奠至关重要之基。

釜，在巨鹿一战中，化身为军事战略中的工具，从此名扬千秋。

行军少不了釜，直至现代战争，都要带"釜"前行——不过叫法不同，叫行军锅。在红军长征时期，还出现有铜、铁制作的行军锅，圆形，敞口，平底，口沿处铸有两个铜环拉手。平时用于做饭，紧急时分也可以用来当盔甲，抵挡子弹。在红军长征途经之地，如有红军陈列馆或旧址，其中就能看到这种行军锅。而今，黄铜铸、铝制的各种行军锅，甚至高科技材料打造的都已出现，然而鼻祖之釜，依然在我们的文化中，赫然不离。

在汉中的城固县博物馆,也藏有几款汉代的釜。一款是标准形态下的双耳青铜釜。鼓腹,腹部有三道线圈纹。另一个是商代带柄青铜釜,是1984年桔园镇竹园村出土的。两侧有双耳,便于执拿。作为青铜器出土大户的城固,这两款青铜釜确实貌不惊人,看上去当是常用之物。城固县地处秦岭以南的汉中盆地中部,古代为褒国,同时也是巴、蜀、羌、濮等民族聚居的地区。城固县出土大量的商代青铜器,证明商代领土已经到达汉中盆地,从商代起,我国已经开始大规模开发西南地区。汉中、巴蜀之贸易、战争,使两地多有瓜葛,作为日常炊具的青铜釜也非常相似。在重庆的忠州博物馆,也有一款形态相似的西汉立耳青铜釜,通高25厘米,口径31厘米,两个圆圈形耳环,立在敞口的边缘上方。④

商带柄青铜釜(城固县博物馆藏)

西汉立耳青铜釜(忠州博物馆藏)

④ 忠州博物馆提供

秦代双耳圜底青铜釜
(内蒙古博物院藏)

其实,在重庆的三峡地区,不乏各类陶釜出土,涪陵、万州、云阳等长江水或急或缓流过的地方,多少巴文化的诗意与文明起起落落。"巫山夹青天,巴水流若兹。巴水忽可尽,青天无到时。"三峡,不仅是李白、杜甫流连吟唱之地,也是人们烟火人生的铺陈之地。那些早期人类留下的骨骸残片,在岁月的泥层中被后人掘开,正在复原一份远古有亲密的记忆。三峡地区的出土的陶釜,从战国时期到汉代的皆有。这种陶釜形制略有不同,一类为敞口、束颈、鼓腹、圆底、无耳陶釜样式,属于巴文化的典型器物,流行于涪陵、忠县、万州、云阳等地区,如万州古坟包汉墓、涪陵镇安遗址、万州沙田墓群等,是该区域战国至汉代的主要炊器之一。另一类为直口、长颈、鼓腹、圆底、带盖陶釜或双耳陶釜样式,属于汉文化因素影响下的器物,其模仿自同类铁釜,尺寸也与铁釜相似,西汉晚期主要流行于丰都、万州地区,如丰都黄柳嘴墓葬、万州武陵镇吊嘴墓群等。巴文化源远流长,也在这些烧饭煮菜的釜中沸腾,搅拌,融合。

这黯淡的色泽斑驳的釜,鼓胀着肚皮,任烟熏之色爬满一身,它是时光中最不起眼之物,却是故事和命运生长的容器。

# 爵来爵往

父癸爵

在现有的考古发现中，爵始见于二里头文化时期，商周时期一直有延续，西周早期以降逐渐衰落。河南、陕西等地出土商末少青铜爵，是单方酒器末使用的。爵的一般形状，前有流，即倒酒的流槽，后有尖把状尾，中为杯，一侧有鋬，下有三足。流与杯口之际有柱，此为各时期简的器时点。

〉〉〉

　　加官晋爵，人生乐事。众人朝贺，好酒相庆。这是千百年来的人情世故。

　　进（晋）爵，在现代汉语中和加官是一个意思，但在最开始出现的时候，也可能是另一个意思，即举杯敬酒。

　　在现有的考古发现中，爵始见于二里头文化时期，商周时期一直有延续，西周早期以降逐渐衰落。河南、陕西等地出土的不少青铜爵，是作为酒器来使用的。爵的一般形状，前有流，即倾酒的流槽，后有尖锐状尾，中为杯，一侧有鋬，下有三足，流与杯口之际有柱，此为各时期爵的共同特点。这种形制也比较像今天饭桌上的分酒器，豪饮者也可直接当作酒杯。

　　爵的精致和贵重，决定了能用得起爵的人不是平民，尤其是在阶级等级分明的夏商周。那么使用爵的，自然更可能是达官贵人以及帝王宗亲。

　　其实想一想，古时人被封官，现代人职场受提拔，都要举杯庆祝。看来这无形中千年不变的文化，倒是延续得很好，没有强迫，纯粹是发自本心的高兴——是否真正从人性出发的，才会延续千年呢？

　　后来，爵发展出了不同分支，贵族的封号出现了

"爵",于是又有了更为直接的爵位、封爵一说,而作为青铜酒杯的爵,慢慢被掩埋在尘土中。但到一些地方博物馆去转转,会发现爵的本尊正精致地摆放在那里呢。

在陕西历史博物馆里有一款兽面纹爵,是 1980 年汉中市城固县龙头镇龙头村出土的唯一一件青铜爵。该爵束腰,圆身,深腹,平底,底下有三只足支撑,流上有两柱。其腹部装饰有饕餮纹,上下界装饰有联珠纹。通高 17 厘米,腹深 10 厘米,口宽 7 厘米,流长 6 厘米。[1] 这款爵的形态虽然相对简单,但饕餮纹昭示了其铸造的时代。

饕餮纹是商及西周早中期最为流行的一种纹饰,其基本形状是一只狰狞可怖的怪兽,结构比较抽象化和公式化:中间是鼻梁,鼻两侧是两只巨大的眼睛,眼睛下面有相对且上弯的勾纹,形似巨大的吞口和獠牙,摄人心魄,吞口两边有时有锐利的爪子,角在眼睛的上面,如果有身体或尾巴就在眼睛两边左右对称展开。作为奴隶制集权的需要,当权者需要通过对某种神灵的宣扬来控制民心,而饕餮纹则十分妥帖地表达了这种需要。殷商礼器的政治威慑和辟邪之功,在此可见一斑。

在重庆中国三峡博物馆也有一款类似的兽面纹青铜爵。该爵束腰,深腹,底下有三只足支撑,流长上有两伞状柱。不过这款爵有把手,把手上有羊头,其腹部装饰有饕餮纹。从造型上看,这款爵有明显的中原特色,展馆里只有这一款。

不过在陕西大地上,爵的出现并不孤单,光有名有姓的爵,就数得出不少。陕西历史博物馆里就还收藏了西周时代的父癸爵。此爵长流有尾,椭圆形腹,口沿上一对菌状柱,腹内侧有牛首錾,三条三棱形锥足。柱顶饰涡纹,腹饰兽面纹。錾内铸铭文四字,铭文释文为"禾子父癸"。还有一款史

---

[1] 陕西历史博物馆提供

迹角，属于西周早期的饮酒器，与爵形似，圆底，三棱尖足。盖、腹饰顾首夔纹，器口沿下饰蕉叶纹。盖内铭文"史迹作宝尊彝"。这款酒器不一样的地方在于有盖子，可起到保暖的作用，在冬天的好处自然是不言而喻的。

东汉时期，许慎的《说文·鬯部》中，如此记载爵："爵，礼器也，象爵之形。中有鬯酒，又持之也。所以饮。器象爵者，取其鸣节节足足也。"可见，爵是富贵者欢乐的载体，已经在汉朝人那里得到了定论。

既然是礼器，则有祭祀之功，向天地宗亲敬上一杯酒，借爵之存在，促进人神交流，保我族辈安然富贵。祭祀完后，再用于日常生活，遇到红白喜事、金榜题名、良辰佳景之时日，在主人和贵宾面前摆上青铜爵，那是一杯足尽欢，人生喜相逢。这也是不少"小件"青铜酒器承载的双向功能。

上海博物馆也馆藏了几款形制独特的青铜爵。

比如一款夏代晚期的管流爵。爵高20.6厘米，口长16.3厘米，重0.89千克。[②]器身呈扁圆形，敞口，口沿中间凹陷呈弧形，两端如燕尾尖锐上翘。长颈，颈上装饰弦纹三道，其间有或疏或密的两行乳钉纹。颈下部一侧有一斜置的管形流，

夏代管流爵
（上海博物馆藏）

商代亚其爵
（上海博物馆藏）

② 上海博物馆提供

因此命名。流上有两个方折形装饰，一面口至颈底部置一宽把手。颈下接外鼓的假腹，上有圆孔数个。三足残缺，从断面推测应为三棱形足，并据陶爵复原。整件器物的装饰朴素而有致。此爵是现存夏代晚期少数青铜容器中器形最为奇特的，非常罕见，估计应该是明确的分酒器，而不是酒杯。如果有好酒之徒直接举爵吸饮，那样子才难看呢，而且也会气恼万分，毕竟管流的设计太细。

而另一款有铭文的、商代晚期的亚其爵，则是主流爵的样子，不过在纹饰上更为精致。爵高 20.1 厘米，通长 16.8 厘米，重 0.625 千克。[③] 流与尾上翘，流根部有较高的菌形柱，深腹圆底，腹部两侧有棱脊，一侧有兽首把手，三个棱形足向外撇。流与尾及口下饰有蕉叶纹，腹部饰有分解的兽面纹，颈饰三角形纹。主要纹饰分为三层，以雷纹为底纹，突起的主纹上面还饰有细雷纹，极为精致。把手内侧铸铭文"亚其"两字，因此命名，"亚"为职官名，"其"为家族名。

可不要小看了这酒器。贵族生前会根据拥有爵的多少，来判定一个人的身份地位，比如殷墟唯一保存完整的商代王室墓葬妇好墓里，就出土了 40 件青铜爵。

不过，号称"华夏第一爵"的，是如今藏于洛阳博物馆的夏代乳钉纹青铜爵，1975 年发现于偃师二里头遗址。这款爵高 22.5 厘米，流、尾长 31.3 厘米，壁厚 0.1 厘米，窄长流，尖长尾，针状双柱矮小、细腰、瘦腹、扁带状鋬、三足鼎立。[④] 腰腹正面装饰一排乳钉，共五颗，夹在两道凸弦纹之间。乳钉纹青铜爵，是出土的唯一一个带花纹的铜爵，造型优美飘逸，被誉为"华夏第一爵"。根据文献考证，在祭祀时，统治者将香料、美酒等放入铜爵中，再通过加热后冒出的香气和烟雾，与神灵进行交流。

---

③ 上海博物馆提供
④ 洛阳博物馆提供

乳钉纹铜爵（洛阳博物馆藏）

其实，在古代酒文化中，除了爵，还有角、斝、觚、觯、觥等20多种酒器。在夏代，饮酒还是王室贵胄的特权，青铜器因为稀少而珍贵，自然也成了身份和地位的象征。而青铜爵又是其中最具代表性的酒礼器，是当时等级、身份标志的青铜礼器组合中的核心器。

对酒当歌，人生几何。好爵相伴，贵若黄金。这种爵来爵往的饮食文化，是富贵名望的占有彰显，也是人情世故的通透练达。

好东西要分享，这是从幼儿园就开始灌输的教育理念，而爵，似乎早在千年之前，就不自觉地承担了这样的使命，源远流长。虽然春秋以后，青铜爵开始式微，但后世朝代如明、清因追慕古风，亦有不少仿品。在重庆中国三峡博物馆也收藏了一款清代仿商代的兽面纹青铜爵。该爵束腰，圆身，深腹，平底，底下有三只足支撑，流长上有两柱。其腹部装饰有饕餮纹，从形制上看是典型的中原地区的爵。此时还有一些制作精良的陶瓷爵出现，保留古典造型的同时多了几分温润与柔和，爵中好酒一饮而尽，清风明月之际，追溯旧贵族的风雅，在亭榭楼台间婉约唱和。

# 皇家礼器与案头文玩

鬲鼎式瓷炉

&gt;&gt;&gt;

古时候，鼎、琮、圭等都是用来祭祀的礼器，后母戊青铜大方鼎就是其中最为著名的代表。不过随着时代的发展，过去的那些青铜器换了材质，逐渐用瓷器来替代。龙泉窑、景德镇等名窑的工匠将具备特殊含义的泥坯送入炉火中，细心烧制，将其改良，就变成了案头文玩或佛前清供。这些小巧玲珑、晶莹剔透之器，兼具向善向美的宗教之意和雅致精细之美，备具仪式感。

可别小看了这些瓷器，因形制上借鉴了礼器的造型，它们便有了皇室血统。

遂宁的四川宋瓷博物馆，是一座不可多得的以瓷器为专题的博物馆。这源于1991年，遂宁金鱼村出土了一批完整和可复原的文物，共千余件，其中仅瓷器就多达985件，是我国迄今为止发现的最大、最完整的一处宋瓷窖藏，当中出土的龙泉窑青瓷，可谓中国陶瓷巅峰作品。[①]

意外的是，这批瓷器裸藏于土中。也许是因为宋蒙战乱，被有意掩埋起来，等日后再寻来，还能图谋个富贵。谁承想城头换了虎旗，大王割了几茬，就被遗忘了。这再

---

① 四川宋瓷博物馆提供

四川宋瓷博物馆　　　　　　四川宋瓷博物馆展陈

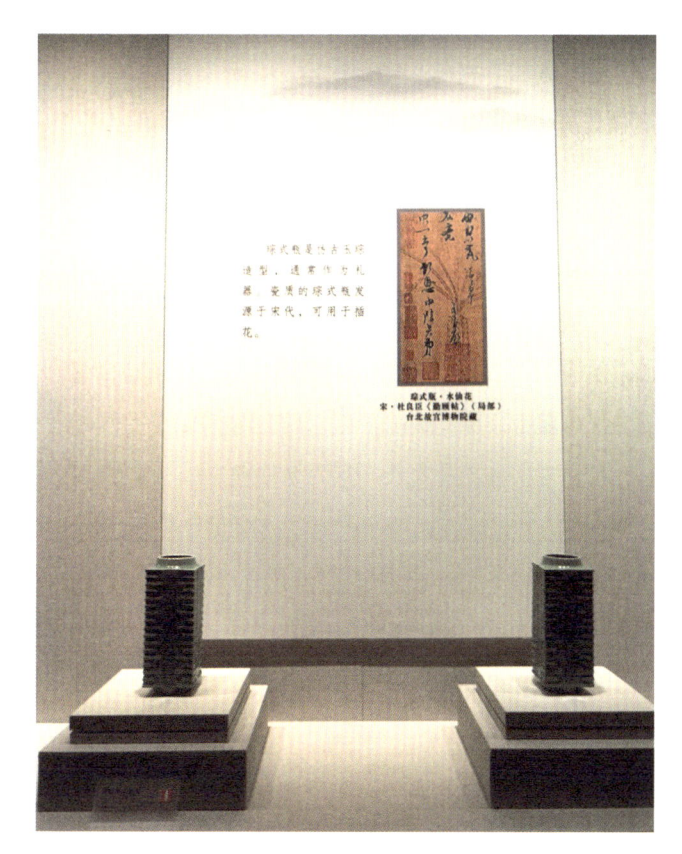

琮式瓶

第一章　重器与文玩　　　　　　　　　　　　　　　025

寻之日,已是千年以后的遂宁金鱼村。

在这群宝藏中,案头皇家礼器,最为惹人情思。

比如,琮作为古代玉质礼器,一直是美与庄严的代名词。《通典·吉礼四》中记载:"周制,《大司乐》云:'夏日至,礼地祇于泽中之方丘。'……其丘在国之北,礼神之玉以黄琮,牲用黄犊,币用黄缯。"可见礼神用黄色琮,是最为尊贵的表达。

而南宋龙泉窑青釉琮式瓷瓶,则以瓷器向琮致敬。该青釉琮式瓷瓶口径 7.7 厘米,腹宽 10.1 厘米,足径 7.8 厘米,高 26.8 厘米。② 整体色调温婉端庄,圆唇、直口略斜、短颈,瓶体长方形,四壁模印四组相同的凸条纹,每组均由八节长短线条相间的条纹组成。圈足较厚,白胎,除圈足底部以外通体内外施梅子青釉,釉层不太均匀,条纹凸起处釉色稍淡,足部积釉最厚,釉色莹润。釉面未见棕眼,两面有两条较长的开片裂纹,另有几处短开片。圈足未施釉处可见明显的切削修整痕迹,但足部仍不太圆整。圈足内侧粘连窑渣,整器较为厚重。

琮式瓶是仿周代玉琮造型制作的陈设用瓷。这件龙泉窑琮式瓶把玉琮端庄古朴的造型与龙泉瓷温润含蓄的釉色完美结合,冰清玉洁、典雅高贵。在南宋窖藏中,琮式瓶目前仅见于四川遂宁,它是国家一级文物。

皇家礼器少不了祭祀用器,祭祀则少不了焚香。作为焚香炉,则会更直接地采用礼器造型,以表恭谨。无论是在案台还是在供台,此形此意再妥帖不过。比如南宋景德镇窑青白釉凸雕花卉纹鬲鼎式瓷炉,其口径 16.5 厘米,腹径 13 厘米,高 14.5 厘米。③ 这款香炉为直口、圆唇、外折沿,沿上附两立耳,短直颈,圆肩,三鬲状实心足。颈部饰刻画花回纹,肩部、

---

② 四川宋瓷博物馆提供
③ 同上

南宋龙泉窑青釉兽耳衔环
直口深弧腹鼎式瓷炉
（四川宋瓷博物馆藏）

足部分别饰剔地莲花、兰草、折枝牡丹纹。白胎，施青白釉，内底无釉露白胎；足端无釉呈火石红。

此炉造型借鉴了铜鼎，三只袋状足又仿制鬲，因此被称为"鬲鼎式炉"。这件炉纹饰精致，凸雕花卉具有鲜明的立体效果。

另一款仿商周铜鼎的瓷炉，也让人注目。

南宋龙泉窑青釉兽耳衔环直口深弧腹鼎式瓷炉，口径11.1厘米，腹径10.9厘米，高11厘米，直口，方唇略圆，口沿上附一对方形立耳，深直腹，下腹圆弧，平底，三兽足。④ 上腹堆贴一对兽首衔环。内底有一轻微的鸡心状突起。通体施粉青釉，釉面光洁莹润，遍布较大的褐色开片和细小的开片纹。足底圆整光滑，未施釉，呈较为鲜艳的火石红色。有两足残断。这款瓷炉造型典雅，具有浓厚的古韵，有"琢瓷作鼎碧于水"之味。

④ 四川宋瓷博物馆提供

有时候，简单更具美感。比如，南宋景德镇窑青白釉素面兽足鼎式瓷炉，口径17.2厘米，高20.6厘米，直口、圆唇，外折沿，口沿上两立耳，短直颈，圆腹，下腹内收成平底，三兽足，兽足上端刻画兽面，下端刻画爪趾，手法细腻，制作考究。⑤白胎，施青白釉，内外底无釉露胎，外底有黑褐色圆圈。此器是仿青铜器造型的瓷炉，造型优美、流畅。

火与土的交锋，千年成精，为世人津津乐道。梅子青的光彩，在玻璃柜中，隐隐流转的温润、洁莹之美，述说了扑朔迷离的往事。

遂宁是宋徽宗的封地。《宋史·本纪第十九》载其"元丰五年十月丁巳生于宫中。明年正月赐名，十月授镇宁军节度使、封宁国公。哲宗即位，封遂宁郡王"。虽然算起来，宋徽宗那时不过3岁，有没有来过遂宁生活实在是很有争议的事情，但是既然册封为郡王，多少也要牵挂一下此地，不管人来不来，礼节总是要来的。世间百姓尚知道礼尚往来人之常情，更何况君王之家，礼节更不可偏废。

这一批瓷器多多少少与宋徽宗有关系。至于是皇家一次性赠送给遂宁的，还是分批次的，史上并没有确切记载。

在遂宁还有一个广德寺，唐代开元年间始建，有"西来第一禅林"之称，千余年来香火鼎盛，信徒广布。同时，广德寺作为皇家禅林，历代帝王11次敕封，宋代就占有6次之多。⑥试想宋徽宗，不时将宝物赐予遂宁广德寺，无论是要延续以往的传统，还是感恩封地之故，都说得过去。

漫步宋瓷博物馆，自然是那些皇家特质让人沉思。映入眼帘的罐耳瓷瓶、琮式瓷瓶、鼎式瓷炉，器型庄重大方，积釉处淡青温润，釉层光洁，使观者仿佛来到皇家后花园，神思恍然。只待佳人端上一杯茗茶，细听前

---

⑤ 四川宋瓷博物馆提供
⑥ 释海山《广德寻志》（四川省遂宁市地方志丛书之三十六），11-28

尘落地。

　　宋徽宗的那些孱弱、奢靡、悲伤、孤寂，已经被后人说得太多，正说、痛说、戏说，昏君、瘦金体、千古画帝……其中是是非非也被染上了如梦如烟的沉韵。"一千个人眼中有一千个哈姆雷特"，一千个人眼中又何尝没有一千个宋徽宗呢？触摸历史，探索真实，须自己亲历，而这些完好保存下来的南宋瓷器，是更为直接的见证者。皇室血统、釉质沉郁、青蓝掩映、器魂依然，每个人都从中咂摸出忠于自己感官世界的宋徽宗以及宋王朝。

# 夏玉的艺术与权术

绿松石铜牌饰

人类新石器时代的玉,更多用于生产劳作,至夏王朝,玉石开始呈现出不可小觑的人文功能。春秋战国时期的《左传》记载:"禹合诸侯于涂山,执玉帛者万国"。显然,在大禹时期,玉就成为权力和地位的象征。

夏玉，不是一个人的名字，而是指夏王朝的玉器，简称夏玉。

整个屋子里昏暗，黑影幢幢，让人迈不开大步，唯有一米见宽的玻璃展柜里灯光如昼，似乎在提醒，那里是宝藏，得小心翼翼。洛阳博物馆珍宝馆里，集中展示了二里头遗址出土的珍品。夏王朝时期的青铜器璀璨无比，不过在这些青铜器之外，更有令人叫绝的玉器。

中国从古至今都对玉石有着神秘的崇拜感，其温润与通透的外形被赋予了文化含义，加之开采工艺复杂，档次不一，对玉的追求和占有，几乎成为一种血脉相连的信仰。

新石器时代，玉更多被人类用于生产劳作，但也有了不少玉制礼器；至夏王朝，玉石开始显现出不可小觑的人文功能。春秋战国时期的《左传》记载："禹合诸侯于涂山，执玉帛者万国"。显然，在大禹时期，玉就成为权力和地位的象征。

夏王朝是中国历史上第一个世袭制、等级制王朝，它的出现标志着中国若干万年的原始社会基本结束。在历史教科书中，和夏王朝相伴的是"大禹治水"的故事，以及

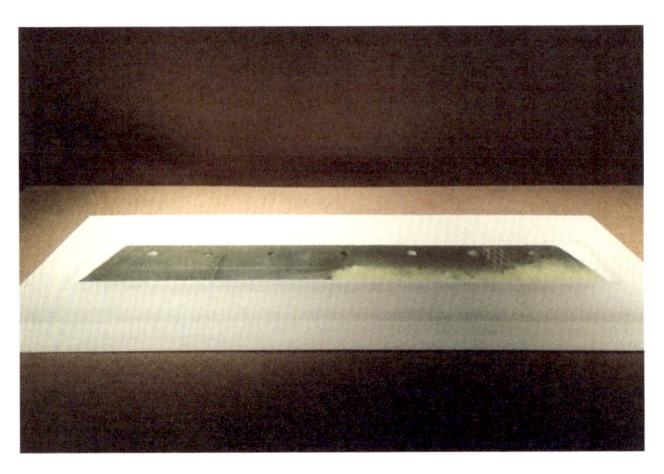

七孔玉刀

最后一个夏王——夏桀暴虐无度,残忍至极,被汤所灭的负面评价。

课本中的夏王朝太简单,也太过脸谱化了。夏朝诞生于约公元前2070年,至约公元前1600年灭亡,总共传了十七个王,延续近五百年。在人类文明史上,它也有难以企及的高峰,比如七孔玉刀。

这是一个尚玉的时代。

七孔玉刀非常小巧,通体磨光,长65厘米,宽9.5厘米,最厚处0.4厘米[1],刀片放在掌心,合上拳头,正好握住而不易被人发现。七孔玉刀呈肩窄刃宽的宽长梯形,两侧有对称的凸齿共六个;刀背有七个孔,等距且排成一条直线的七个圆孔,玉刀两面纹饰相似,皆以交叉的直线阴纹组成网状和几何图形。这是1975年出土于偃师二里头遗址的礼器,也是迄今为止偃师二里头遗址出土的最大的玉器。

---

[1] 洛阳博物馆提供

至于玉刀的成色，通体皆绿，局部有黄色沁，但绿色由墨绿到浅绿渐变，颜色已不太均匀。在一个小小的展柜里，一个小小的射灯照着，玉刀安静地躺着，就像在墓主人身上一样，安静并具备护佑功能。

对于玉刀上的局部黄色沁，说法不一，也可能是玉质材料本身所致，但这种可能性很小。这些玉在选料之初，想必是精挑细选过。毕竟是呈给君王的物品，来不得半点将就。沁的成因也许是血液或是什么其他液体长期渗透，但至今没有定论，众说纷纭。

如此温润的玉，作为武器，则显得凛冽，如此小巧易携带的武器，大概可以直接致命，比如割腕、割脉，也可能用于刑罚——在夏朝的"五刑"中就有割鼻、断足、阉割这些损伤肢体的肉刑。

当然，七孔玉刀，最独特的除了它的薄刃工艺，就是何以为七孔。

在现有的文物定义中，玉器有孔是一种身份象征，就类似军衔，一颗星、两颗星代表不同的阶层。一般玉刀为三孔或五孔，以显示主人地位显赫，这七孔则更是尊上加尊，至于具体是什么身份，目前还未可知，但只手遮天也可想象。而在如此小巧的"薄玉刀片"上开凿七个小孔，对手工艺者来说，所需的匠心和手艺更是超乎想象。

玉可润人，也可杀人，尊者也可以是夺命者，这种复杂矛盾的组合体，在夏朝礼器中得到了明确的体现。当然，玉也可以看作人性的一种物化和外显。玉随人走，和猫狗等宠物随人一样，充满了主人的特性。

无独有偶，在另一件珍品——嵌绿松石铜牌饰中也看到某种相似性。

这是历史上最早的"金镶玉"，这金，不是黄金，而是指金属。

洛阳博物馆展出的这块"金镶玉"（镶嵌绿松石兽面纹铜牌饰，由二里头夏都遗址博物馆收藏）高 16.5 厘米、宽 11 厘米、四角磨圆，为盾牌形，上部略宽，下部内收，面微突起。[②]它是先铸好牌形框架，再将数百块细小的绿松石碎片粘贴在青铜牌上，粘嵌成突目兽面。

此兽面整体分为上下两区。上区略宽，最上部如一擎柱，两侧各有一鸟形物相对守护，其下饰勾连纹，直斥边框，刚劲、张扬，充溢着穿透挣脱的力量；下区饰钩形眉、橄榄形眼、球形眼珠灼灼逼视。

整个图案高度抽象，造型具有视觉压迫感和威慑力，幽绿的光泽蕴含着神秘、深远的气象。其实，这就是早期的饕餮纹，蕴含某种巫术或神力，上可通天，下可达人，面目凶恶但天赋神权。

在夏朝，世界被分成天、地、神、人等不同的层次，这些层次间的沟通，需借助身具异禀的巫觋，这种图案既表示对祭礼的重视，又是沟通天、地、神、人等的重要载体。同时，玉的一些属性被抽象、放大，被赋予强烈丰富的人文内涵，使玉具有通灵性。这种灵性与神性的融合，便出现了这种礼器。

这件嵌绿松石铜牌饰出土时，佩戴于死者胸前。或许象征着死后可以给予亡灵如生前一般的权贵，也可荫翳子孙福泽连绵。

这枚"金镶玉"是目前发现年代最早也是最精美的镶嵌铜器，夏王朝对镶嵌铜器的审美追求和审美贡献，也为日后封建王朝在玉器与青铜的联姻想象上开了先河。

在奴隶社会时期的夏朝，铁器尚未发明，雕刻玉器尤其艰难。在考古中发现，当时的人们是利用高硬度的金刚砂、石英砂等"解玉砂"，借助水力研磨成玉石，再用木竹器、骨石器等简陋工具琢磨碾制的。

三千多年后的今天，绿松石的粘贴工艺依然完整，无一松动脱落，即使以今天的工艺技术标准来衡量，也堪称高超绝伦。

---

[②] 洛阳博物馆提供

如此"金镶玉"的青铜牌饰，包括二里头遗址出土的三件在内，共发现十余件。它们分散在世界各地，其中美国收藏得最多，在哈佛大学赛克勒博物馆等处共有六件，日本京都某博物馆有一件，英国伦敦某古董行有一件。

"画图岁久或湮灭，重器千秋难败毁"，尚玉之国，不乏对玉器的赞美和膜拜，这大概也是以物推人的一种寄托和情怀。

如果说七孔玉刀代表人类自身的阶级定位，高低贵贱，三教九流，划一道圈，这圈里圈外，难掩各种刀光剑影、血肉相残，那么镶嵌绿松石铜牌饰则显示了人上人和神之间的沟通、私语。控制，还要不断地控制，是人类的欲望，也因这欲望，才会有这样的礼器。

在司马迁《史记》的《夏本纪》中，夏王朝的政治斗争里明枪暗箭从未停止过。从最开始夏朝建立，就难服人心。所以夏帝启，也就是大禹的儿子，一建国就大开杀戒，讨伐有扈氏，"大战于甘"。夏启死后，其儿子太康继位，依然难得民心，太康的五弟和其母，在太康游猎失国后作《五子之歌》追怀先祖功业。直到夏朝末期，"孔甲崩，子帝皋立。帝皋崩，子帝发立。帝发崩，子帝履癸立，是为桀。帝桀之时，自孔甲以来而诸侯多畔夏，桀不务德而武伤百姓，百姓弗堪。乃召汤而囚之夏台，已而释之。汤修德，诸侯皆归汤，汤遂率兵以伐夏桀"。成王败寇，这一动荡不安的王朝终于画上句号。

眼前，这两尊镇馆之宝级别的玉制礼器，耗时耗工，后人已经无法去度量背后的血泪、血腥。在这些陈设中，奴隶社会所拥有的精湛艺术与权术，或可触摸。时光总是会湮没那些无足轻重的人，让它们成为泥沙、基石，来成就文明史中一段璀璨。

# 青铜泡：面如乐器的武器

青铜泡

在汉中城固县出土了大量商代时期的青铜泡，看上去它们外形像是缩小版的斗笠，如普通女人手掌般大。带尖的叫尖顶铜锡，其尖锐可以扎人，还有一种是中空的，叫透顶铜锡。古文献中称呼的锡，其中就以铜泡类器物居多。其数量巨大，可以拿筐来挑。

如果一件武器长得像乐器，会不会更具有先声夺人的杀伤力？

它小巧、柔和、温润的外表，似乎能让人闭目聆听其清音，如柔和的风吹过，甚而伸出手安抚那我见犹怜的体形，那种充盈着亲切的迷惑，会让人把争斗、战争带来的血腥与厮杀抛诸九霄。

古老的先民从不缺乏智慧。我一直觉得这样的武器，大概是借鉴了生活中诸多什物，比如罂粟花、壁虎，它们大概有某种相似。

这种武器不常见，学名叫青铜泡。

在汉中城固县出土了大量商代时期的青铜泡。看上去它们外形像是缩小版的斗笠，如普通女人手掌般大。带尖的叫尖顶铜钖，其尖锐可以扎人。还有一种是中空的，叫透顶铜钖。古文献中称呼的钖，其中就以铜泡类器物居多。其数量巨大，可以拿筐来挑。如今，它们被陈列在城固县博物馆。

青铜泡当然不是汉中独有，在山东也有发现。

位于淄河东岸的临淄区齐陵镇后李官庄村的中国古车博物馆里，就馆藏了一架春秋殉葬车马。在墓坑中，车马南北排列成两排。① 一号坑长 32 米，宽 5 米，殉车 10

---

① 中国古车博物馆提供

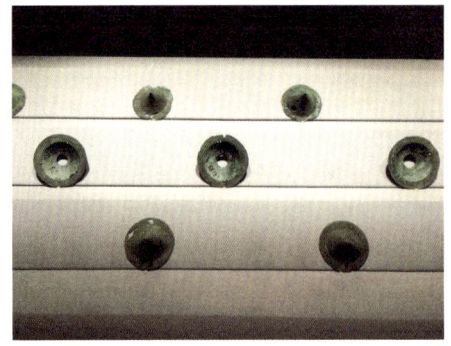

青铜泡（城固县博物馆藏） 　　　　　　当卢、节约青铜泡（青州博物馆藏）

辆，马 32 匹，其中 6 辆车每车 4 匹马驾挽，4 辆车每车 2 匹马驾挽。[②] 斗转星移，马车已经腐朽，不过尚能在黄土中看见车痕，唯有车上的青铜饰件在原部位完好放置。所幸，马的骨架也十分完好，特别是马头、马颈上的装饰品，在肉身消亡后，更显得突出。青铜泡、青铜珠等，分外耀眼。无独有偶，山东潍坊青州博物馆，也陈列了一套装饰有青铜泡的马具。当卢、节约、铜泡、马衔、马镳，这组配饰完整地摆放着。当卢，是一种放置在马头鼻子与额头之间的护具，铜泡起到了连接和装饰的作用，铜泡内部通常有鼻钮或横梁，用于革带穿梭。这批造型精美的青铜器出土于山东潍坊青州东夏镇苏埠屯墓群，这是商代最为重要的遗址之一。马车木质的部分早已腐朽，而这些车马上的饰件却完好地留存下来。如此隆重的配置，说它相当于现在"宝马"级别的豪车也是不为过的。

历史上对零星出现的青铜泡早有定论，认为它是武器上的装饰品。但在汉中城固县大规模出土的青铜泡，似乎在质疑过去的定论。

---

② 中国古车博物馆提供

在一个尚武时代，谁会生产这么多装饰品？如果是在煊赫一时的世界中心盛唐，又或是尚文轻武的宋代，追求艺术与唯美的至高境界，他们自然会举全国之力推动，在这两个朝代，文化艺术空前繁荣，点缀实用器具的装饰品往往也透着高雅、大方的气质。而商代虽然也有盘庚迁殷、武丁中兴的太平盛世，但总的来说，王朝中期因河道变化、对外战争和争权夺利，商朝国都频繁迁移，一直没有安宁过。《史记》的《殷本纪》中记载："自中丁以来，废嫡而更立诸弟子，弟子或争相代立，比九世乱，于是诸侯莫朝。"意思是，从中丁算起，历经九世到盘庚时期为止，商王室内部为争夺王位，内乱不止，致使外患不断，至盘庚迁殷后才稳定下来。商朝前后相传17世31王，延续五百余年。细看殷商的动荡时期，其实很难有闲进行艺术唯上的审美工程，实用性应当是殷商时代最需要考虑的。

毕竟，历代商王的正确思路是，有这么多人力物力，从经济成本讲，还不如直接生产武器。没有什么比巩固政权来得更稳当。

那么，青铜泡之谜倒是越来越让人欲罢不能了。

是祭祀用器，是武器，还是乐器？每一种猜测都带有可能。

如果青铜泡是武器，那么也是轻攻击、重防御的武器。换个角度看，这些其实是被化整为零的盾。青铜泡镶嵌在战士、将军的马甲上，对腰部、胸前、肩部等重要部位进行保护。

带尖顶青铜泡的自然有杀伤力，谁靠近我，谁就会被扎伤。而透顶的似乎是方便用绳子来链接。至于用途，可以是防御，也可以是祭祀。

众所周知，在原始战争中，人们从动物的韧皮厚甲得到启示，把兽皮等披在身上，或者用藤条编成片状遮蔽身体，以减轻野兽或敌人的攻击，起到保护和防御的作用，这就是最原始的甲。兔皮、狐皮、虎皮等，都曾作为保护衣而存在。在青铜器时代，金属铜被大量开采，它更坚硬，寿命更长。青铜在战斗、祭祀和日常生活中的极致发挥，也多多少少让人们对青铜有了崇拜之情。青铜除了用于制造青铜盾、青铜刀剑等武具，也开始被用于铸造配饰。这种装饰不仅是好看，更应该意在赋予其某种神秘的力量。君王得借助青铜造型，达到上通神灵之威、下达民众所服之功。加上商周帝王普遍重视祭祀，极力通过一些神秘的力量来延长国祚，那么青铜泡看似一颗螺丝钉，其实上它正在发挥着巨大的杠杆之功。

这些被分散的盾在人体之外，保护血肉之躯，也让人可以比较灵活地舒展身体。战士们虽然用青铜甲胄全副武装来保护自己并起到了不俗的效果，毕竟行动不太便利，稍显笨重，而青铜泡加身，虽然不能保人万无一失，但是确实在灵活性和保护性上取了一个折中。

再细想，有没有一种可能，青铜泡是用来奏乐的呢？虽然没有明确的证据，但是猜测一下，并不是没有可能。

那么作为音乐之用，青铜泡又是如何奏响的呢？

在商周时期，青铜器编钟，就是最为著名的乐器。大型祭祀活动中，它几乎担任了首席演奏的角色。

用于祭祀、仪式的表演性舞蹈，是在劳动过程中自然产生的，而又被后人不断升华成艺术。地理上，汉中与巴蜀接壤，春秋战国以来，汉中就与巴文化有千丝万缕的联系，这一点从与巴文化有关的出土文物中就可见一斑：汉中出土的青铜面具，与四川三星堆遗址出土的青铜面具，就有某些相似性。

由出土文物可验证，商代巴族的一支曾经活跃在汉中，而巴人善舞，也是有传统的。"巴师勇锐，歌舞以凌，殷人前徒倒戈，故世称之曰：武王伐纣，前歌后舞也。"这段见于东晋年间《华阳国志》中的描述，也佐证了地域文化的交融、碰撞，它们非常自然地流转在艺术中。

而巴人的战歌、战舞也多少影响到了陕西以及中原地带。

青铜泡从殷商到汉代，都有出现。

时光流转，在汉乐府中的"巴渝舞"里，经过一些文人、乐师的编撰、润色，流传在后世的有《矛渝本歌曲》《安弩渝本歌曲》《安台本歌曲》《行辞本歌曲》等，矛、弩本身就是冷兵器时代常见的武器，以此为主题的巴渝舞蹈，自然和兵器、战争脱不了干系。巴渝舞蹈中的有一部分就是战舞。

在1973年勘探发掘的琉璃河燕国墓葬内，考古发现的青铜泡多有"匽侯舞""匽侯舞易""匽侯舞戈"字样的铭文，这也说明了青铜泡与音乐、舞蹈、武器之间有千丝万缕的联系。舞武用具，是古人用舞蹈的方式来鼓舞士气、表现战争，也就是说，它们是有强烈导向性的舞蹈，是有政治意图的。不管青铜泡是作为其中舞武用具的一部分，还是独立成舞，都是身份鲜明的道具。

其实，青铜泡和民族打击乐器中的钹极为相似。在古代，钹称为铜钹、铜盘，民间称"镲"。两钹相碰撞产生"哐啷""呛——呛"的声效，是很有节奏感的打击乐器。如今，中国、外国乐队中都使用。

千百年前，能歌善战的古人们，兴之所至，是有可能让青铜泡撞击发出音乐声效的。

如果不作战，不祭祀，不跳舞，成堆的青铜泡又如何收拾呢？试想一下，有没有一种可能，成串的青铜泡挂起来，风吹叮当，飘摇作响。仪式感、艺术感十足的小型兵器，晾挂在一起，就像列阵步兵般，有肃杀之感。

殷商时代的青铜泡，似乎很遥远了，在一大堆出土的青铜器中，它们几乎被忽略，从形体到意义上，它都不是青铜史上的主角，然而正是这种与"国之重器"们相比犹如小老百姓一般的青铜泡，见证着历史更微妙的所在。

细心观察，时至今日，青铜泡仍旧在我们生活中若隐若现，它成了艺术家展现低调奢华的道具。青铜是纯铜加入锌与镍以外的金属所产生的合金，一些艺术家会借鉴青铜泡的造型，用现代黄铜或青铜做媒，均匀地镶嵌在墙面上，制造神秘的冷峻感，在一些展馆、书院等文化场所偶有所见。更个性的人，还会在自家书房或客厅里弄一面青铜泡墙作为装饰。

雕刻时光，青铜恒远。

# 泸州灯台与度缘

东汉陶佛像灯台
（泸州博物馆藏）

　　灯台是古人的常用之物。油灯烛光下，奋发提笔、披卷沉思、声色逐利、今宵酒浓……灯台之下有数不尽的人间故事、悲欢离合。如此，灯台也是最宜赋予度缘之物。

若要叫某人大彻大悟，痛改前非，于劫难中重生，佛教里有一专用名词叫"度化"。度化的方式很多，比如像《西游记》里的唐僧师徒四人历经九九八十一难，修成正果；《二刻拍案惊奇》卷二十四中，元自实遭遇借钱不还的故人，恶上心头鬼神相随，后善念换转，福音渐起；又或是神话中，观音化身青楼女子，极尽魅惑，叫男人回头是岸。

总之，是要有一事一物一境点化凡胎俗人，获得人生大智慧，甘于眼前平淡或挫折，堂堂正正面对世事人生。

灯台是古人的常用之物。油灯烛光下，奋发提笔、掩卷沉思、追名逐利、酒酣耳热……灯台之下有数不尽的人间故事、悲欢离合。如此，灯台也是最宜赋予度缘之物。

在中国历史文化名城四川泸州漫步，于泸州博物馆中观瞻几款灯台，皆具"度化美学"。他们不同于大批量生产的程式化的灯台，而是巧"点题"、巧戏话。试想观者执手举柄，低眉抬首，灯台豆光婆娑，睹灯柄与灯座，有倏忽妙趣之感，偶然间醍醐灌顶。

兔子和乌龟应该是竞争对手，一快一慢，一轻浮一稳重，似有水火不容的竞争之恨。但在东汉年间的灯台中，二物纳为一体，有相互扶持之状，耐人寻味。

东汉龟座兔柄陶灯台
（泸州博物馆藏）

龟兔最出名的故事，自然是《龟兔赛跑》，但这并不是中国成语，而是出自古希腊的《伊索寓言》。但是奇怪的是，在东汉年间，乌龟和兔子也走在了一起。这故事则是互助之爱。泸州博物馆收藏了一款龟座兔柄陶灯台，是东汉年间的文物，一只乌龟稳稳地匍匐在地，头向前伸。龟背上是一只立着的兔子，似乎在指挥着前方道路，兔子两耳朵高高竖起，在兔子身后沿着耳朵的方向是一块石柱，这柱子支撑着一斗形小碗，是为燃灯放烛的地方。烛台整体为泥质红陶。

用乌龟当底座，是中国独有的特点，它们大多被誉为神龟。不少宗庙碑刻，都以巨龟承托。龟，象征着千年稳固，永恒不变。而兔子则充当了火炬手的功用。兔子和乌龟，一快一慢的世仇走在一起，大概是龟要借助兔的矫捷与灵动，兔也要有个扎实的根基，二者是取其优势而共存的。又快又稳，是综合之意。它们是良友吗？是损友吗？但好歹都在一起，为了光明这个目标，求同存异。

论度化，古往今来，主角还是佛祖。在《红楼梦》第二十五回里，薛宝钗曾有如此感慨："我笑如来佛比人还忙：又要度化众生，又要保佑人家病痛，都叫他速好。"这本是她打趣林黛玉和贾宝玉互相关心的隐喻，其实却也是作者借此调侃众生的索取无度，万念皆虚。

然虚虚实实，日子总还要过下去。"佛祖要度化众生"，还是人生的一帖安慰剂。

泸州博物馆里的一款东汉陶佛像灯台便是充满了佛是万能主的意趣。这尊佛虽然身掌三个灯台盘，看起来忙个不停，但依然开怀大笑，这样一具灯台相伴，是有多抚慰人。

此陶佛像灯台是1987年在泸州能源大楼基建工地一墓葬出土的，泥质红陶，模制，中空，高35.2厘米，底宽9厘米，肩宽9.6厘米。[①] 灯台造型为汉代流行的枝形灯样式。灯座为一结跏趺坐佛像，额头发髻螺状，脑后发髻竖平行状，面部双目深邃，眉间饰白毫相，颧骨高突，面带微笑，着通肩衣，双手握于身前，双手之间的衣服呈"U"形，背后三道弧形衣纹，结跏趺坐于梯形高台上，高台正中装饰一朵盛开的莲花，佛像头顶及肩部分出三个枝杈，高举三个灯盘。

诚然，陶佛像灯台不少是作为明器存在，在墓葬中陪伴墓主人，有"长明"的用意，生生世世，都可以光照子孙。作为汉代墓葬品，它的度化之功虽然不是那么直接，却在冥冥之中，化解劫难。而佛祖的笑容，似乎能自由穿越阴阳两界，佑其后代。

这东汉佛像因为造型小巧，并不能明确是哪位佛，更多的是宏观意义，所以离人间远了些。到了清代，更具现实主义的佛祖作为灯台出现。

这就是济公。

---

① 泸州博物馆提供

清代象牙制济公灯台　　　　　　　济公灯台细部

　　清代象牙制的济公灯台，精致、细腻、光洁。
　　济公俗名为李修缘，号湖隐，法号道济，南宋高僧，后人尊称为"济公活佛"。最初济公在国清寺出家，后到杭州灵隐寺居住，随后住净慈寺。济公活得随性，嗜好酒肉，举止似痴若狂，实却是一位学问渊博、行善积德的得道高僧，被列为禅宗第五十祖、杨岐派第六祖。他留有《镌峰语录》10卷，还有很多诗作，主要收录在《净慈寺志》《台山梵响》中。济公还懂医术，喜为穷人治病，偏方甚多，又古道热肠，好打抱不平，息人之争，老百姓没一个不念他好的。

好人终有报，恶人终有惩，清代人以此为念，制象牙济公灯台，可体察其度一切不平之心念。

此灯台为象牙质、圆雕。人物为济公形象，头戴船形毡帽，头微侧，眯眼咧嘴，作大笑状，穿交领宽袖长衫，赤脚，袒露前胸，瘦骨嶙峋。右手曲肘于胸前，倒提鞋一双，左手臂平抬向上，持蒲扇一把，头顶四周缠绕镂雕灵芝花卉，在花卉中部一平台上直立一三段造型的圆柱，支撑一盘形灯台。灯台为直口，腹微收，平底。人物站立于一圆台上，圆台内圈为弦纹，外圈为海水纹，台基为倒置的蕉叶。

1985年版的电视剧《济公》曾红遍大江南北，"鞋儿破，帽儿破，身上的袈裟破……"济公乐善好施，彰善惩恶，他离尘世如此之近。这款象牙灯台无疑更像是工艺品，毕竟用于燃烧之物，陶瓷和青铜的灯台更耐用。不过就算是放在供台或案几上，家里大概也会少了不少烦心事，毕竟有济公主持公道呢。

"九烛台前十二姝，主人留醉任欢娱"，白居易诗句中的灯台是声色犬马，今宵作乐；"紫垣疏舍拂霄霓，官烛台衾夜境凄"，则是宋庠抒写皇宫凄清，境遇不祥下的灯台之孤零。家家户户都有灯台，灯台见过许多风月人间，在灯台上做文章，也是度化众生的一条道路吧

# 德化窑的"水火之玩"

德化窑油灯

　　水火向来不容,如何又共生成为案台的相济之玩?中国的读书人在这方面从来不缺灵感,也不缺艺术天赋。达官贵人也好,贫寒士子也罢,几千年的传统一脉相承,留下了几件宝贝,方可知道古人用心的精妙,生命哲学的巧构,都在这士子官人的案头文具上。

⋘

水火向来不容，如何又共生成为案台的相济之玩？中国的读书人在这方面从来不缺灵感，也不缺艺术天赋。达官贵人也好，贫寒士子也罢，几千年的传统一脉相承，留下了几件宝贝，方可知道古人用心的精妙，生命哲学的巧构，都在这士子官人的案头文具上。

这水火之玩究竟为何物？一为注水器，二为照明用的油灯、烛台之明火器物。笔墨纸砚是文房四宝，可以看作大夫人，大夫人自然得有丫鬟伺候。砚台的注水器与烛台、油灯，便是那文房四宝的伺候、答应，亦是传统读书人伏案不可或缺之需。水注、烛台与油灯，上至煊赫皇室，下至平头百姓，历年更迭，尤其讲究。

水玩也好，火玩也罢，使其互利共生，形成水火既济之态，既取其实用，又可玩赏其美感，岂不妙哉？中国瓷器在这方面堪称平衡之大宗。而在五花八门的传统瓷器中，福建的德化窑更是瓷国明珠，从元代始，其精品佳作即被海内外奉为珍宝。

德化窑以塑造观音、佛像出名。承载宗教意义，普度众生，是宏大的命题，但是在机巧应用、生活情趣方面，也是别出心裁。在士子官人的案头，德化窑的水注、油灯与烛台,让人看了又看,爱不释手。所谓文玩,重在一个玩字。

明代德化窑贴塑蟹盘水注,造型十分生动。初看以为是一个装饰物,其实是方便砚台添水之用。古代学子,研墨写字,墨久晾空中,易滞易干,用注水器在一端稍添水后,便又成活墨;又或是绘画之时,需要不同程度的浓淡深浅之墨,注水器便派上用场。当然,有时环境所致,书画不能太讲究,也可就地取材,直接用一支干净毛笔蘸清水,注入砚台墨汁中,一滴两滴也可有画龙点睛之功。

然而,学子伏案,日长时深,不免疲倦枯燥。古代的文玩,类似今天的文创产品,其设计的初衷想必都是差不多的,赏心悦目,造型好看,越看越爱看,看书写字间摸一摸,观一观,有如神助,又不觉青灯黄卷的辛苦,可以继续守着案头迈步功名之阶了。

观看这枚明代蟹盘水注,可以领略读书人风致一二。水注通体为象牙白釉,胎质细腻,釉面光洁。总高4厘米,口径为14厘米×9厘米。[①] 水注形为一只丰硕的螃蟹伏在一张荷叶上,洁白无瑕的螃蟹肚腹鼓胀,内空,其肥厚丰满的两只蟹螯和八条腿也圆鼓鼓的,似乎充盈着神秘的气体。螃蟹瞪着竖起的两眼,张开双钳,像正在警惕着周边动静,以防不测。漏斗形水口置于蟹的身后,与蟹身内部相通,以便注水和储水。荷叶的茎干直立,为注水嘴。整个造型可爱又实用,荷叶、茎秆、螃蟹相得益彰。

善用螃蟹来做造型,大概是福建地区的风俗,毕竟福建临靠东海。沿海城市由于天时地利,对水族海鲜类的生物有着别样的喜爱。在另一款明代贴塑水族油灯中,也可以看见螃蟹主题,虽然一个是灯火,一个是水注,使用功能毫不相干,取意却惊人的相似。

明代德化窑贴塑水族油灯,高3.5厘米,口径9厘米。[②] 中间有一空心立

---

①② 福建民俗博物馆提供

明代德化窑贴塑水族油灯
（福建民俗博物馆藏）

柱，用于放灯草芯，稀奇的是油灯底盘——围绕着立柱旁的三物，螃蟹、虾子、鱼。螃蟹高举两螯，跃跃欲试，大虾弯腰爬行，活灵活现，鱼儿凌空跃身，无水自活。三水族雕刻得活灵活现，既各有其美，又各担隐喻，三足鼎立之美态，已经涵盖水生万物。试想，若加满油，则三物更有动感，明火在灯管处卓然，水火既济之美，也就在方寸之间。读书人累了，倦了，捻拨灯芯之际，看见螃蟹、虾鱼各自挣出一方天地，也会莞尔一笑。人生的命运，可不就在"挣"一个字上？这文玩充满灵性，还有什么比这更好的教义？

德化窑的美是晶莹剔透，不以色彩为炫，反以白色为文章，做出如此精妙的生活用品，是陶瓷工艺美学的集大成者。其实，德化窑位于福建泉州的德化县，在"闽中屋脊"戴云山下，制瓷的历史与规模可与景德镇相对照。和主要在国内销售的景德镇瓷器相比，德化窑在海外市场影响力极大，可以说是墙内开花墙外香。

德化瓷土是一种天然混合石英、高岭石、绢云母的三元矿物，其成分为高硅、低铝、高钾，成品色泽洁白纯净，明亮莹润，是制造高白瓷器的上等原料。考古资料发现，在新石器时代晚期，德化地区就开始烧制印文陶器，商周时期出现了烧制印文硬陶与原始青瓷的窑炉。唐宋以来，海上交通蓬勃兴起，德化窑瓷器沿着海上丝绸之路畅销海外。德化窑始于宋代，到元代时，泉州港发展成为"东方第一大港"，外销瓷在德化窑瓷器生产中占据越来越大的比例，意大利旅行家马可·波罗盛赞其"既多且美"。明清时期，德化窑发展到了巅峰。目前考古发现由宋到清历代德化窑的窑址达一百八十处。

德化窑的白洁、莹润，成就了洗练之美。

在读书人大量使用的油灯中，德化窑油灯有繁也有简。这款明代德化窑油灯高6厘米，直径4厘米[③]，中间一空心小柱直立，油灯精致小巧，盈盈可握，釉色莹润。这应该是最为通用的标准款了。

另有一款清代的德化窑三管油灯，更有实用性。其高8厘米，口径13.5厘米。[④]里面三根油管抱成一团。腹壁外刻"康熙二十四年阳月吉日舍"年款。油灯通体施白釉。

清代德化窑三管油灯（福建民俗博物馆藏）

---

③④ 福建民俗博物馆提供

明代德化坐狮烛台一对（福建民俗博物馆藏）

明清两款皆是造型简单通透之物，这也是德化窑一向尊崇的审美趣味。

除去油灯，还有烛台。烛台的装饰性更强，应该为富贵人家专美。一对明代的德化窑白色坐狮烛台，精致而珍贵，高 12.5 厘米，底径 5.2 厘米 ×4 厘米，通体呈现白色。⑤ 两只小狮子昂首，微微张着口，有一前肢直立托身，一前肢踏着圆球，两后肢以及臀部伏地，颈上有一绳索，绳索上有三只铃铛。两只眼睛圆瞪前方，凛然不可侵犯。细观之下，这对坐狮烛台一如一般宅院、高第门前狮子的模样，不过因为浑身润白玲珑，又有铃铛作牵系，凶猛之物有了几分温润、可驯之意，不过仍难掩绵里藏针之意。这对坐狮的旁边有指甲头大小的铁柱支撑，用于安放蜡烛。狮子本是权力的象征，不知这对明代德化窑白色坐狮烛台的原主人是谁，但确实风光一时无两。

这几方文物藏于福建民俗博物馆，明清德化窑"水火文玩"，高洁轻盈又别有趣味。

---

⑤ 福建民俗博物馆提供

# 不折腾不是省油的灯

龙凤窑省油灯

"你也不是个省油的灯"这几乎是骂人了——折腾、事多、不省心。那么做一个省油灯就是听话、乖巧、懂事的代名词了。

省油灯,这被后人隐喻之义,其实真不是其本意。从科学角度讲,省油灯才是真真正正的爱折腾、另折腾之物。

‹‹‹

"你也不是个省油的灯。"这几乎是骂人了——折腾、事多、不省心。那么做一个省油灯就是听话、乖巧、懂事的代名词了。

省油灯,这被后人隐喻之义,其实真不是其本意。从科学角度讲,省油灯才是真真正正的爱折腾、穷折腾之物。

一手掌大小的浅碟、浅碗,做成夹层,并在其薄薄的碟壁、碗壁中凿一小孔,从此处可注水,油盏的高温即可冷却,减少油的挥发。如此行节省之道,这门工艺跟在螺蛳壳里做道场差不多。省油灯如此小巧之物,真正是机关算尽,尤其是陶瓷,烧制不好,中空层或破或损,就得报废。

现有出土的省油灯,造型都不复杂,不像一些古代香炉、灯盏或瓶器,惯于在器皿上雕刻人物、动物甚至屋宇等各种造型。大概是为了让更多的老百姓使用,也更符合节省之道吧,连造型都省去了,从上到下都奉行一个"省"字。而这省油灯的原产地,是当时赫赫有名的邛窑、四川著名的古代窑场。邛窑的遗址在邛崃,现为邛窑遗址公园,与三星堆遗址、金沙遗址一样,被列为国家大遗址重点保护。邛窑是中国古代陶瓷名窑,它始创于东晋,成熟于南朝,盛于唐,以青釉、青釉褐斑、青釉褐绿斑和彩绘瓷为主,也以创造了陶瓷省油灯而闻名全国。

四川博物院有一款邛窑出土的唐代绿釉省油灯。初看,似一张陶碗,坦弧形的灯面,与一般的油灯没太大区别,仅仅是沿口有一个小嘴,可以注水进去,进行冷却。灯芯可放在灯盏中间,放上猪油或菜籽油,慢慢地燃烧到子时。

在重庆中国三峡博物馆里,也有一盏唐邛窑绿釉省油灯。灯高 4.8 厘米,口径 10.7 厘米,底径 5.3 厘米,敞口,腹微鼓,腹下渐收成假圈足。短灯嘴置于腹部一侧,通至腹内,另一侧置环形柄,器身为碗形夹层,中空,夹层内可注水降低油灯的热度,减少油的过热挥发,以达到省油的目的。灯面中间与嘴均施绿釉,灯盏外壁上腹施灰白釉,下腹与底无釉。

"三更灯火五更鸡,正是男儿读书时。"古代读书人看书、博取功名,

唐代邛窑绿釉省油灯
(重庆中国三峡博物馆藏)

耗心也耗油，省油灯，大概是寒门子弟常用之物。故而省油灯虽然其貌不扬，放在一堆普通灯盏中，简直就要被忽略，却深得家家户户喜爱。

陆游这个大诗人在四川初见省油灯时，便觉得它十分惊艳。陆游46岁入蜀，以他的年纪和家世，也算见多识广，读书人的文玩应当没有不知道的。但是这四川盛行的省油灯，确实让他自叹无知，他左右打听才知道，这玩意原来早在唐代就有了，可怜可叹交通闭塞，他这个江南才子，还有更多的江南才子，估计都没听说过。出于自觉或不自觉的原因，他要把省油灯推广出去。

文人，尤其是知名文人的一支笔，那是很厉害的。于是在《斋居纪事》中，他大力推崇省油灯。从形象到原理可谓不吝文辞："照书烛必令粗而短，勿过一尺。粗则耐，短则近。书灯勿用铜盏，惟瓷盏最省油。蜀有瓷盏注水于盏唇窍中，可省油之半。"这项亲眼所见之物，想必他十分欢喜。

陆游在巴蜀一带做官八年，四川、重庆一带的风情民俗，也成为其诗词歌赋浓墨重彩的一部分。省油灯是他心心念念之物，直到老年，陆游还对巴蜀一带的省油灯魂牵梦绕。在他晚年著述《老学庵笔记》中，更是再度提起。他记载宋初大臣宋白专门有《省油灯盏》诗（现已失传），并如此描述省油灯："盖夹灯盏也。一端作小窍，注清冷水于其中，每夕一易之。寻常盏为火所灼而燥，故速干，此独不然，其省油几半。"陆游的笔记中还说，这省油灯在四川已经流行几百年了，常常被入川的外地官员当作馈赠佳品，有文房四宝之趣味。由此可见，省油灯在宋代也是一件雅士文玩。

要知道，《老学庵笔记》在文人中的推崇度极高。书中每条记载少则二三十字，多则三四百字，文笔简练，真实隽永。它记载了大量的遗闻故实，风土民俗，奇人怪物，考辨了许多诗文、典章、舆地、方物等。陆游作为一代领袖级诗人词人，虽豪放奔腾，但做起考证来却是相当严谨。这在唐宋等历代诗人中也是凤毛麟角的。估计当时陆游宦途不得意，半是纾

宋代省油灯（涪陵博物馆藏）

宋代省油灯（涪陵博物馆藏）

解心情，半是要做点实事之故，才有了这本沉得下心的笔记大全。《老学庵笔记》所录多属本人或亲友见闻，或关心时事热点人物，又或对所述人事多有见解褒贬。《四库全书》称赞其"轶闻旧典，往往足备考证"。清代文学家李慈铭认为该书"杂述掌故，间考旧文，俱于谨严，所论时事人物亦多平允"，称为"亦说部之杰出也"。

虽然历史上关于省油灯的文字记载不多，唯《老学庵笔记》给足脸面，但在后世的在考古中，却陆续有物证发现。零散分布在各个博物馆里的省油灯，证明了自己旺盛的生命力，是一款朴实的"长销品"。

比如，在四川宋瓷博物馆里，有遂宁龙凤窑出土的一款省油灯。白色的斗碗，碗沿突出的一个小嘴，造型简单质朴。这也是四川境内除了邛窑以外，发现的另一处生产省油灯的窑址。

此外，在三峡库区附近的涪陵博物馆，藏有一款石沱遗址出土的宋代省油灯。灯具形制单一，似普通酒碗，应为两宋时重庆地区的普及之物。该灯具通体饰褐色釉，油盏面显现为黄色与褐色的渐变色。省油灯由油盏和承盘组成。灯盏为夹层，中空，盏壁处有5毫米直径左右的小孔，可注水。另一款在此遗址出土的省油灯则造型复杂，似酒杯状，注水处开头比一般的要大，约有1平方厘米大小。这两款涪陵石沱遗址出土的省油灯，只是两宋文明昌盛的两个小小物证而已。这座长江边占地10万余平方米的石沱古城，在两宋时期曾非常繁盛，大量出土的陶器说明，当时此地的制陶业是相当发达的。在这座古城之中，还发现有两座制陶作坊，涪陵区博物馆考古队挖掘出的一些石制灶台，还是相当完整的。在一座制陶作坊的遗址前，有一个圆形的制陶"车间"，可以还原想象当时制陶业的兴旺。

与涪陵出土的两盏省油灯相比，在邛崃十方堂遗址出土的宋代邛窑青瓷省油灯的造型则讲究了不少，在盏面上有一曲形的桥拱状通道立于其上，也是注水通道，不过工艺更为复杂，桥拱通道连接着灯盏的夹层，有曲径通幽的妙处。

文明进程，离不开灯与灯具，川渝一带自唐朝开启省油灯文化，可想见当时的文风之盛。这寒夜凄凄中，灯光如豆，生生不息，用之不竭，是省油灯的精髓，也是读书人孜孜不倦的进阶信念。

省油灯风靡大江南北，唐代、五代十国、宋代，代代相传，从现实生活中使用，再到墓葬品相伴，那些要代代延续的耕读之家，他们"蒙学养正，知书尚礼"的背后，或许也少不了省油灯的参与吧。

# 寻香博物馆

龙涎

沉香、檀香、龙脑香、麝香，是古代四大名香，前三者都是从树木中提取的物质，后者则是从动物身上提取。域外香料，如安息香、乳香也在很久以前走入了我们的视野。千百年来，他们在文人的推动下，成了中国文化的传统精髓之一，与众多香料一起，滋养着无数骚人墨客的精神性灵。

⋘

"金盏酒，玉炉香，任他红日长。"宋代晏殊的《更漏子》读来几多缱绻。被酒、玉、香、金围绕的日子，是良辰美景，也是好景不长的惆怅。好花不常开，在这香烟缭绕中，好日子似乎很慢，也似乎很快。

词中的玉炉香，是对时间的衡量，也是对焚香的品咂。

使用香的历史可追溯到春秋战国时期，最早是祭祖、敬神，但到秦汉时期，在宫廷里熏香、佩香成了常事。《汉官仪》载，"尚书郎怀香握兰，趋走丹墀"，并要"含鸡舌香，伏其下奏事"。从上至下，无不充满着对香味的追随和迷恋。

沉香、檀香、龙脑香、麝香，是古代四大名香，前三者都是从树木中提取的物质，后者则是从动物身上提取。域外香料，如安息香、乳香也在很久以前走入了我们的视野。千百年来，他们在文人的推动下，成了中国文化的传统精髓之一，与众多香料一起，滋养着无数骚人墨客的精神性灵。

九龙沉香博物馆专门收藏各种香料原材料，奇楠、龙涎香，抽象至极的名字，化成了实物映入参观者的眼帘，

沉香倒架

而一段枯木横陈在玻璃展柜中，仿佛在说作为树木的沉香树生命已死，但作为香料的生命还在酝酿。虫漏、倒架，其实都是一种病树，或被虫子噬咬，或被洪水侵蚀后，病体发酵，产生了奇异的香味，被人类提取，制作成香品。

至此，已经辨不清，谁是谁的魂，谁是谁的精，不得不慨叹——生命，总是以不同的形式在延续，生死无穷无尽。

北宋丁谓的《天香传》，沈立、洪刍的《香谱》，在理论上对香的休闲审美进行了总结，这对南宋文人影响很大，使玩香成为南宋社会一种普遍的风尚。文人雅士将香炉置于厅堂或书房案头，读书时点上一炷，便有了"红袖添香夜读书"的美妙意境，夜色迷蒙中，还能驱邪祈福，甚至，在香氛中做一个黄粱美梦，未尝不可。

"矧儋崖之异产，实超然而不群。"苏轼一生与香品结缘，香品伴随着他接连不断的贬谪与流徙。到海南后，他对当地沉香有了更深刻的认识，写出了脍炙人口的《沉香山子赋》："既金坚而玉润，亦鹤骨而龙筋。惟膏液之内足，故把握而兼斤。顾占城之枯朽，宜爨釜而燎蚊。宛彼小山，巉然可欣。"其文赋华丽，汪洋恣肆，简直是要把世界上最好的赞誉之辞，都送给沉香。

香品，打开了人的感官，也打开了一轨精神通道，由此催生了与香有关的一系列艺术品。香具，虽是香的辅助品，却开始演变成一种艺术。历代香具，如香炉、香筒、熏球、香插、香盘、香盒、香夹、香铲、香囊等，五花八门，令人眼花缭乱。

1987年，考古工作者在陕西省宝鸡市法门寺地宫发现香具九件。据地宫内《物帐碑》记载，其中有唐肃宗奉佛的香炉三件、唐僖宗供养的"香囊两枚，重十五两三分"。这是唐代皇帝在宫廷使用熏香器的明证。

其中一对被界定为皇家一级文物的唐鎏金人物画银香宝子，可管窥古代焚香艺术的精巧。这两件唐鎏金人物画银香宝子，在形式、制法、纹饰上相同，即都是通高24.7厘米、口径13.2厘米、腹深11.4厘米、圈足径12.6厘米。[①]锤击成型，花纹平錾模冲，纹饰鎏金。有盖，直口，深腹，平底，圈足。盖钮为宝珠形，盖面隆起，分为四瓣，底部衬以缠枝蔓草。盖与身以子母口扣合，腹壁划分为四个壶门。不同之处，在于两个香宝子的壶门中的人物画不同，一个是画有仙人对饮、金蛇吐珠和伯牙抚琴等，更具仙气。另一个则画有郭巨埋儿、王祥卧冰、颜回问路等，偏重道德教化。

法门寺唐代地宫的开掘是继半坡、秦兵马俑之后在陕西的又一次重大考古新发现，里面所保存的大批文物不仅等级高、品种多，有的甚至完好如初，代表了唐文化的金字塔尖，被誉为世界第九大奇迹。在此基础上建立的

---

[①] 法门寺博物馆提供

法门寺地宫博物馆，陈列有一件"史上最大"的香囊。这款被杨贵妃使用过的唐鎏金双蛾团花纹银香囊，直径12.8厘米，重547克。② 通体镂空呈圆球形，上、下两半球的囊盖和囊身以铰链相接，以子母口相扣合。香囊内部铆接两个同心圆金属环和一个盛香料的钵状香盂，无论香囊怎样转，香盂始终保持水平，香都不会洒落出来。这也是存世的唐代香囊中最大的一个。

此外，唐鎏金银龟盒，栩栩如生，让人过目难忘。

龟盒乃龟形香炉，通高13厘米，长28厘米，宽15厘米，重820.5克，可存放香木、香粉、香饼。③《衣物帐碑》中径直称其为"龟"，系唐僖宗所奉纳，其形制为一形象逼真的龟，龟背为盖，龟背盖的子口与腹盒相扣，其眼鼻镂空，与颈腹腔相通。这尊鎏金银龟盒出土时，腹内残留有黑色粉末渣，被推测为入藏地宫时可能熏过香。

唐代的皇家香具令人咋舌，到了宋代，香炉的设计则更多倾向文人化。案头宠物，小巧精致，有的为开敞式，上面不加盖子，有的有盖。宋人日

青玉兽面纹三足香炉
（清代）

---

② 法门寺博物馆提供
③ 同上

用焚香情形可见一斑。在宋墓及宋代文化地层中都出土有瓷质的香炉，其样式较多，有鬲式香炉、莲花香炉、球形香炉、奁式香炉、三足香炉等。

重庆中国三峡博物馆藏了几款宋代香炉精品，比如一款宋代龙泉窑青瓷香炉，宽唇圆口、直颈、鼓腹，底置三矮足。器物内外有明显冰裂纹，透露出古意。腹部与三足对称处分别有三条凸起的棱线，称为"出筋"，施青绿色釉，三足底露胎。主体香炉形似痰盂，可能因年代久远，唇口有轻微的破损或泛黄。

龙泉窑是宋代重要的青釉瓷窑场，形成于北宋早期，南宋为龙泉窑发展时期，成功地烧成了粉青釉和梅子青釉，达到青釉史上的高峰。南宋时期龙泉窑在釉料的配方中进行创造性改革，从石灰釉改用石灰碱釉，从而打破了传统石灰釉一统天下的局面，这种釉在高温中黏度较大，流动性较小、釉层较厚、一件釉层较厚的瓷器，需要经过三四次的上釉，有的釉厚达到1.5毫米以上。

宋代龙泉窑青瓷香炉
（重庆中国三峡博物馆藏）

龙泉窑青釉瓷由于釉层较厚，难以透出釉下的刻划纹样，因此重于器物的造型设计，以此突出釉色之美。所以，腹部到足面呈现"出筋"，制造了形态美，也烘托梅子青釉的青翠欲滴之态。龙泉窑的青瓷，颜色细分为豆青、淡蓝、胎青灰、灰黄、炒米、蟹壳青等，其中以粉青和梅子青最具魅力，亦最为名贵。

而另一款北宋时期的青白瓷博山炉，显得温润简洁。青白瓷博山炉，由炉身和炉盖、托盘底座组成，炉盖镂雕有山峦，炉身刻有莲花花瓣，整体呈寿桃状。

宋代高丽青釉鸳鸯钮三足带盖瓷熏炉，颇具匠心。炉直口，宽折沿，直腹，平底。炉盖为覆钵形，子母口，平顶，钮为贴塑鸳鸯，张嘴朝上，为出烟口。盖沿刻划回纹一周。炉底承三兽形足，腹上刻三组折枝花卉纹。通体施青釉，青中泛黄，有细开片。造型设计巧妙，仿中国越窑青瓷。

宋代高丽青釉鸳鸯钮三足瓷熏炉
（重庆中国三峡博物馆藏）

北宋青白瓷熏炉
(重庆中国三峡博物馆藏)

此外，元代青白瓷铁锈花双耳带座香炉，明代德化窑白瓷铺首香炉，则造型简约，十分含蓄。

除了陶瓷香炉，重庆中国三峡博物馆还收藏了一款玉制香炉——清代青玉兽面纹三足香炉，典雅、秀气，通体碧绿色，将玉石的温婉质地表达得十分妥帖。在其中放置盘香或线香，都十分合宜。

因为玉石的价值珍贵，玉炉顶也成了一门艺术。玉炉顶，也就是香炉盖的顶子，严格来说是香炉盖上镶嵌的一种纽状的玉雕器。

小巧，繁复，如大豆般大小，是几只仙鹤翘首顾盼祥云，祥云之中或有龙蛇舞动。这不是别的，是三峡博物馆馆藏的清代的一尊玉炉顶。犹如螺蛳壳里做道场，看似香炉的配角，却因精巧抢镜，有喧宾夺主之色。怪不得博物馆单列一柜作为展示。玉炉顶在宋代已出现，元代流行，明初仍有使用，到清代已经很少了，这一款自然是物以稀为贵的佳品。

"蹙金妃子小花囊，销耗胸前结旧香。"香囊的便携，使香的赏玩活动走入更多平民之家。囊是两片相合中间镂空的,也有的中空缩口,但都必须有孔透气,用以散发香味,或强身健体,或传情达意。不过三峡博物馆里一款清代香囊也巧夺天工,面上绣有"大吉"二字,为葫芦形,黄地缂丝,长约十厘米,顶端有便于悬挂的丝绦,下端系有结出百结("百吉"之意)的流苏,虽然看似普通,但针脚细密无缝,应是皇宫权贵人物的随身之品。

读书人,烧一炷香,在沉香的味道中,凝神聚气,或翻阅四书五经,博取功名,心无旁骛,或静坐默思,反思己行,都是一种修身养性之乐,有香炉、香熏为伴,则更增添一份雅趣。

若是香烧尽了,静静地看着香炉,对人生也无端生出更多的理解与豁达。比如黄庭坚就对焚香难掩其爱,诗有"感格鬼神,清静身心……静中成友,忙里偷闲"。近千年后的今天,香与香具的故事,依然在延续,生活快速向前奔腾,慢下来,燃一支香,玩赏一方香炉,或成为一种奢侈。但若偶尔给自己一点空间和时间,焚香安心,烟雾缭绕中,追忆传统生活的美感,不啻为幸福。

一炷香很短,二十几分钟成灰烬;一份香也很长,在三千多年的中华文明,有无穷之氤氲。

CHAPTER TWO

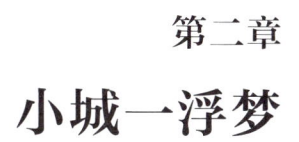

第二章

# 小城一浮梦

# 合江"一千零一夜"

南宋墓主浮雕人物石刻

把神秘的、出生入死、出神入化的故事雕刻在厚实、沉重的石棺上，千年之后，世人看着这些石刻画像、神话故事，竟然会忘却了死亡的恐怖。大概这最是"一千零一夜"故事的精髓。这些故事神奇、幻灭、大胆，充满不可思议之美，让人忘却了现实的寒意、虚弱、绝望。

&gt;&gt;&gt;

把神秘的、出生入死、出神入化的故事雕刻在厚实、沉重的石棺上,千年之后,世人看着这些石刻画像、神话故事,竟然会忘却了死亡的恐怖,大概这最是"一千零一夜"故事的精髓。这些故事神奇、幻灭、大胆,充满不可思议之美,让人忘却了现实的寒意、虚弱、绝望。

这些石棺上的故事并不记录在"一千零一夜"原产地阿拉伯,而是在中国四川,长江、赤水、习水交汇之地——四川合江县。合江县汉代画像石棺博物馆因这些大规模密集的崖墓文化而诞生。

冬季一个淫雨霏霏的周末,一身泥泞的我叩门而入,下午五点,视线昏暗,刚刚装修完毕的博物馆中,三十余座精美汉代石棺整齐地排列开来,好像巨大的隐形之物在四周审视我,晦暗、凛冽、众目睽睽,这些散发着千年土尘之物,真令人有些不寒而栗。

我突然想起电视剧里对死士们的安抚,就是提前备好棺材,然后义不容辞地对着镜头说:"我已经替你们备好一切了。"镜头再扫过一列列整齐、阴森的棺材。或明或暗的灯光效果,加深了人们对亡灵的敬畏和恐惧。

不过,合江县汉代画像石棺博物馆的灯光非常明亮,

25号石棺秦五女入蜀图(合江县汉代画像石棺博物馆藏)

在一间精品石棺陈列厅中,每一具石棺都用玻璃围了起来,一方面是保护其不受污染损坏,另一方面,因为有玻璃隔离,对石棺的近距离观察被滤去了某种恐惧。

这么密集的石棺、石刻画像陈列于此,是源于合江县有大规模的汉代崖墓发现。合江崖墓群有12个点,分布在福宝高村等全县12个乡镇里。乡场、马路边、砖瓦厂……崖墓中的石棺被发现后,考古工作者统一将其搬运到了合江县县城集中保护。

石棺上的画像,虽然多是墓主人的生前愿望,但如仔细观摩下来,却会发现其中不少历史、文学、美术的渊源和趣味,是中国版的"一千零一夜"。在棺身四周以及部分棺盖上,雕刻有各种有关天界昆仑仙境、出行美好的内容,构图布局疏朗简洁,图像以形写神。

比如"秦五女入蜀图",在25号石棺之上。画面出自春秋战国时期的历史故事，石棺左右有五男五女，分别代表秦五女、蜀五丁，再现了《蜀王本纪》中记载的秦惠王以五个女子馈赠蜀王，蜀王派遣五个男丁迎接的历史典故，是巴蜀当地历史的图像再现。

在另一个编号为22的东汉石棺上，则是"董永侍父图"。画面左侧大树下有一辆独轮车，车上坐着手执长杖的老者，老者右边有一个站立着的男子，手执锄头。画面右边则是一匹硕大骏马驾车而来，马身旁还有一个马夫正在拉着纤绳。此画面与山东嘉祥县武梁祠后壁画像有榜题"永父"几乎一致。汉代倡导孝行，并以"孝"作为衡量人品的一条重要准则。董永孝亲的故事既标榜了墓主人的孝行，也有教化后人的作用。此石棺1999

董永侍父图

董永侍父图
（局部）

年出土于合江镇。

　　出行是一件欢快的事，踏春、赏秋、避暑、逞寒，都各有各的乐趣。古人在生活方面精于享受，乐于山水，在石棺上，更有着丰富的再现。生之乐如此，死也若此，蔚为大乐。同样于1999年在合江镇出土的5号石棺上，是一幅"车马巡行图"。画面正中刻画有一匹矫健跃动之马，拉着轺车，轺车上坐着两个人，应当是墓主人与御者。车前有两个"伍伯"开道，车后有两个侍从，皆手执便面，后面一人胳膊里还抱着行囊。前呼后拥，好不快哉。

　　1号石棺上有两幅重要的图画故事。一是"龙虎戏璧图"，一龙一虎左右相对，中间的玉璧用绶带系绕，青龙与白虎分别代表东西方两神，璧是祭天所用，龙虎有接引天地之功，画面反映了墓主人祈求顺利升天之愿。"二十求药图"在石棺另一面。画面右侧的西王母肩膀生出两翼，着宽衣大袖，端坐于龙虎座上。她左侧的人物伸出双手，手上捧一颗丹药。在汉代

龙虎戏璧图

人心目中，西王母掌管着不死仙草，人们希望在升天之际，能服用西王母赐予的仙药，这样就可以成仙。

  最宏伟的画像要数4号石棺上的"车临天门图"。墓主人坐于马车之上，奔向中间的天门，一派器宇轩昂，这天门楼宇重檐，似城堡，又似皇宫大院。天门左侧，则是端坐龙虎座上的西王母。此画面再现了墓主人升仙进入西王母昆仑仙境世界的过程。在4号石棺的另一面，则是有如《山海经》

图画般的"神灵异兽图"。从左到右依次为方胜、站立的蟾蜍、蹲坐的玉兔、奔跑的九尾狐、行走的三足乌、左顾右盼的鸠，以及几乎要撑破画面的三尾鱼。《山海经》里有记载，这些神灵异兽都生活在昆仑山上，陪伴西王母左右。毫无疑问，这群拥有仙气异能的动物们，代表西王母所辖的那个奇妙的昆仑世界。

天上的世界如此美好，但也有规矩，不亚于庭院深深深几许的人间。等级秩序是必须的，懂规矩会门道，也是升天的必要步骤。

在15号石棺上，一幅"拜谒图"显示了升天流程。图中两端各刻一阙，代表天门，左边阙与房屋之间的人物为墓主人，右边阙与房屋之间的人物为亭长。而这个房屋画得很大，几乎占据了画面的四分之三，足够彰显出其巍峨以及门第森严，象征了天界的权威。这是典型的"天国拜码头"之意，表现了天门亭长迎接墓主人进入仙境天国的场景。在这具石棺的另一面，则热闹非凡地画下了"此曲只应天上有"的"仙境图"。从左到右，分别有宴饮的墓主夫妇，玩六博棋的仙人，助兴的蟾蜍、玉兔、三足乌、九尾狐，可以说是一应俱全，这应该就是最幸福的天上生活。在这里，没有神仙凡人的"种族歧视"，只有天下一家的和睦。和神仙在一起众乐乐，也使人们对死亡不那么恐惧。作为一种信仰或宗教，它多少消解了生而为人时经受的苦难。

这样的石棺画像不仅是为墓主人祈灵，对生者也有一定的宽慰和安抚。

除了宏观叙事，青龙、白虎、玄武、朱雀，这些中国传统故事中的神兽，也单独成画，雕刻在了合江东汉石棺上。

比如1996年合江镇文桥片区黄溪村长江岸边砖瓦厂出土的一具汉代石棺，就彰显了朱雀和玄武之美。前档为朱雀图，朱雀偏于画面左边，直立，戴胜头，突目，曲颈，展翅，翘尾，两脚曲立，呈欲飞之状。在石棺后档，为玄武图。玄武形似乌龟，张口，直颈，四脚直立，呈爬行状。一条蛇环绕龟背，蛇尾绕于龟尾之后，蛇上身以及颈部转向后，蛇头张口与龟首相对，似乎在交流什么。这一具石棺被定为国家二级文物。

还有一尊国家一级文物的宋代石棺也延续此意。这是1989年在合江镇马街柿子田村出土的一尊砂岩质石棺，[①] 长2.2米，宽0.76米，高0.81米，名为14号石棺。石棺呈"几"字形，棺身前档刻朱雀，后档刻玄武，左边刻有硕大的青龙，右侧刻有巨型的白虎。值得一提的是朱雀的造型非常可爱，刻痕清晰，正面造型。其双脚直立，双翅奓拉，颈后有似开屏状的羽毛张开，有警卫之范。

纵观这些石棺，都是整石开凿而成，费时费工，价格不菲。在汉代，崇尚厚葬的时期，这种石棺成为富强豪族的"身后荣宠"。画像石墓的溯源，应该是中原，在洛阳博物馆可看见大规模的石棺画像。那时，中原是政治经济中心，主流文化之地，巴蜀一带应该是受其影响，悄然流行。

汉代石棺文化，代表了汉人永恒不灭、长生不死的理想，汉代的阙、碑、墓室无不与石头有关。石头是最坚硬最永恒之物，就如同大海永不枯竭一样。"山无棱，江水为竭，冬雷震震，夏雨雪，天地合，乃敢与君绝。"正是将爱情比作永远不会腐朽的山石。

合江虽是四川东部一个不起眼的小县，但历史底蕴丰厚，它是连接云贵高原与四川盆地的过渡之地，大娄山山脉从黔北向境内延伸，县城南部多丘陵、山地，北部以浅丘为主，中生代侏罗纪与白垩纪红色砂岩露头颇多，岩层厚度大，为崖墓、画像棺的开凿提供了很好的条件。

合江，作为长江流域汉代画像石棺分布最集中的地区之一，数量之多，题材丰富，令人叹为观止。合江崖墓群出土最具有代表性的32具石棺收藏陈列于合江县汉代画像石棺博物馆内，还有近百具散存于未发掘的崖墓内。

---

① 合江县汉代画像石棺博物馆提供

福宝高村崖墓群荒野　　　　　福宝高村崖墓群石碑

    驱车前往福宝高村汉代崖墓群，我一路在423乡道上盘旋，回形针弯道无数，时速不过30千米，依然觉得快，让人隐隐有种不安。冬日枯黄的田地透出清寒，在423乡道西50米处，看见一块斑驳的石碑，上面刻有"全国重点文物保护单位 福宝高村崖墓群"。

    停车，观望，寻找。

    冬日的寒气弥漫在整个乡间，杂草、树林、荒田。举目四望，不知何处是悬崖，更别提崖墓。拦住往来的摩托车，跟老乡打听崖墓何在，他们只把手臂一挥："在石碑那下面，下面。"下面是哪里？我顺着石碑往河流方向步行百余米后，但见草木深锁，泥泞缠绕，间或有暗坑，无路可去，也有废弃农房一所，无草的田地几块，河流浑浊流淌。雨继续下，滋润着山川万物，褐色的野蘑菇在酸枝草周围肆意生长，三两丛竹林发出沙沙之声，我知道就是在这块地方，某个隐秘之处。

    他们在安息。

    这些汉代的亡灵安守了千年。我回头往上攀爬，再次看了看那块验明正身的石碑，彻底放弃了寻找——且让它们继续安守吧！

# 铜梁明代石俑之梦

四人女性抬轿俑

仪式之重,具象成物,可在仪仗俑等诸俑中观睹究竟。

中国仪仗俑中最为出名的当然是陕西西安的秦始皇兵马俑,那是按照真人大小来设计的,是皇帝的陵寝护卫。迄今为止发现了四个坑,仅一号坑就有陶制的8000多个兵马俑。

》》》

铜梁,在重庆的西边。对于它,人们更多的是知道铜梁龙,那一带擅长的民间技艺是舞龙。除了舞龙,当地人觉得似乎没有什么拿得出手的东西了。

但是考古队的勘探让铜梁人有了底气,他们寻觅到了明代的辉煌过往。

那是铜梁的盛事。

古有梦游华胥之国,其乐无涯者,现实有追念怅然,宝马争驰于御路。而这些"游"与"驰"都少不了阵仗、架势、摆设。

这既是礼制,也是风俗。

雄兵万千、激荡沙场、雕车竞驰、节物风流、绮罗飘香、隆重登场,不论是战前鼓舞,还是盛事巡游,此姿态必不可少。大到家国存亡,小到百姓的生老病死、婚丧娶嫁,都需要隆重而庄严的仪式。

繁文缛节中透出的礼仪之统,亦是对生命的敬重。

不知从什么时候起,国人不再注重仪式,连婚姻大事都可以"悄然进行"或"掩人耳目",有时想起来,不觉可悲。仪式感的存在,固然是虚,但许多情况下正是这份"虚张声势",才能让实际内容有更深厚的承载。

张文锦沈氏夫妇合葬墓出土石俑队列（铜梁博物馆藏）

仪式之重，具象成物，可在仪仗俑等诸俑中观睹究竟。

中国仪仗俑中最为出名的当然是陕西西安的秦始皇兵马俑，那是按照真人大小来设计的，是皇帝的陵寝护卫。迄今为止发现了四个坑，仅一号坑就有陶制的8000多个兵马俑。

不过在重庆铜梁，也出土了形态各异的明代仪仗俑，相映成趣。

在现已出土的铜梁明代石俑里，以张文锦沈氏夫妇合葬墓出土的石俑最为称奇，如今是国家一级文物，也是铜梁博物馆的镇馆之宝，号称"小兵马俑"。其秩序整齐、威风凛凛，不过在形制上是微缩的，个头最高的没有超过30厘米，在文物形态、规制以及地方水土上，都与秦兵马俑遥相呼应，对比鲜明。

石俑的人像等级森严，前排有敲锣打鼓的，似有唢呐、小号齐鸣之声响起，后有骑马者监督抬轿者。轿内虽空，然垂帘璎珞丝毫不差，仿佛主人灵魂已端坐其内。轿后有持戟护卫者，表情严肃。再之后，有书案、座椅、床榻以及相关侍从尾随。

细观慢品，明代四至六品官宦人家的出巡仪仗扑面而来，其官阶制度、陪葬礼仪也在这些石俑中，有了细致入微的呈现。

明龙岩墓出土四人抬轿俑（铜梁博物馆藏）

铜梁张母沈氏墓出土的八抬肩舆俑（铜梁博物馆藏）

这"小兵马俑"的出现，不得不提张佳胤。

张佳胤是张文锦夫妇的儿子，先后在明嘉靖、隆庆、万历三朝任职，官至太子少保、兵部尚书，是著名的"嘉靖五子"之一，明代中期的一品大员。张文锦去世时，张佳胤已有六品官职，墓葬石俑马虎不得，其完整成套，前面有鸣锣、击鼓、吹奏俑开道，中间是四人抬轿俑，共计22件仪仗俑，以及马两匹、伞盖、书桌、交椅各一件。

张佳胤的母亲比较长寿，在世之时，张佳胤又屡获战功，官阶高升。

美味佳肴与持盒婢女（铜梁博物馆藏）

母亲去世时，张佳胤的权势更为煊赫，超过了父亲去世之际，官拜都察院右副都御史，为正三品。沈氏也被封为太恭人，享受四品待遇。所以张母的墓葬行仪规格胜过了父亲，一共有57件仪仗俑。① 队伍前面有鸣锣、击鼓、吹奏乐队十二人，中间是八抬大轿，加上两个扶轿的，共十人。轿子前后有两顶圆形伞，轿子前有两排文官，后面有三排武将，穿的是钢铁不坏之盔甲，手上拿着刀枪等各种兵器，器宇轩昂。

尤其惊艳的是，沈氏墓中的八人肩舆俑，是在一块整石上雕琢完成的。整石长41厘米，宽25厘米，高16厘米。② 古代雕刻者在此完整石头上，

---

① 铜梁博物馆提供
② 铜梁博物馆提供

根据情景细节，雕出八名轿夫、两名侍女，以及他们抬着或扶着的一乘大轿，其间的镂空剔透之感，让空间与人物栩栩如生。其工艺难度，也让人叹为观止。其中一名轿夫弯腰扯掉落的鞋子一景，更让人忍俊不禁。这么"不严肃"的细节，被呈现在官宦人家的仪仗画面中，墓主可谓开明，也可谓真正懂得了艺术之美。在铜梁这片巴蜀小乡里，民间的智慧与审美毫不逊色于庙堂。

其实，铜梁亦是明代墓葬发掘集大成之地。

从1973年至2012年间，铜梁共整理了60多座明墓，发掘出仪仗俑500余件。[3]这些石刻俑除了反映官宦出行的排场之外，还反映当时官宦人家的生活。有的明墓中的石刻还有供桌、粮仓、书案、石椅、石床、车马、官轿、箱柜等生活用品，不仅轿夫、仆人、武士的穿着和神态栩栩如生，连反映官宦人家酒桌之上的美味佳肴的石刻也都十分精美，可谓活灵活现。

当年曾大量参与铜梁明代墓葬考古发掘的工作人员刘华钢，现在已调至铜梁区博物馆，每天逡巡于这些石俑间，或给友人讲解这些石俑的来路，就仿佛梦游到明朝。华冠丽服、坊间乐趣，让人身临其境。

全前溪墓出土的明代仪仗俑，官威井然，阵势不俗。墓主全寅，是明代嘉靖时期的铜梁商人，经商有道，富甲一方，同时又乐善好施，曾捐资修建"全德桥"、文庙等，被时人称为"义士"。这些石俑于1999年铜梁区城市改建修筑道路时被发掘，有鸣锣俑、击鼓俑、吹奏俑、四人抬轿俑、侍从俑、书案等。置于最后的案台以及座椅，玲珑逼真，座椅上无人，但墓主人的亡灵似乎就在其上。全寅一生从商，少暇观书，但对文化的向往和崇敬透露于明器之中。书案旁有一手持圆盒的婢女，毕恭毕敬，这红袖添香之意，符合了中国传统读书人的审美意趣。从墓主人生前捐资文庙之实，再观其随葬物

---

[3] 铜梁博物馆提供

谭石泉墓出土石俑队列（铜梁博物馆藏）

品，读书少大概对他来说是一种遗憾，也是一种对来世能够得以偿还的心愿。"万般皆下品，唯有读书高"的观念深入人心，可见一斑。

对书案极其用心的还有另一出处——谭石泉墓。已发掘的谭石泉墓的明代仪仗俑也趣味盎然。其石刻的书案规矩、方正，不经意地一看，就如孩子玩的乐高积木一般。

谭石泉是真真正正的读书人。他自幼博学经史，曾当过地方官员，或因文人之气，难与官场融洽、周旋，后来辞官隐居。1996年，在铜梁修建运动场时，这些墓葬品出土于谭氏家族墓，出土石俑有鸣锣、吹奏、击鼓俑六个，四人抬轿俑一乘，骑马俑两个，侍从俑四个，还有粮仓、书案、石榻、供桌等。书案上有砚台、笔架、书本，正中央还铺展着正在阅览的手卷，足见墓主人把阅读当成任何时候都不会结束的事情。

而龙岩墓中出土的仪仗俑，则俨然一出小型的戏剧场面。龙岩是明代嘉靖时期安居太平乡人，曾当过一方镇长。龙岩墓于1998年出土于铜梁城东塔山坡，出土的石俑有鸣锣俑、击鼓俑、吹奏俑、仪仗俑、四人抬轿俑等。

值得一提的是，在铜梁明代石刻中，还有一种特殊的四人女性抬轿俑。她们的出现，撕开了明代日常生活鲜为人知的一角。

四人女性抬轿俑表情欢快，每个人的眼睛都笑成了月牙儿，虽然抬轿的动作不一，但都洋溢着女性的甜美和烂漫。古时候，男性轿夫很普遍，女性轿夫却很少，女性以"三寸金莲"为美，但"三寸金莲"显然是承受不了体力活的。这些明代石墓中出土的女性抬轿俑，则从另一个侧面反映了当时铜梁较为开化的民风民俗。

不过，翻阅史籍，女性轿夫也是应时之需的社会工种。唐宋时，若家中无男丁，这家人便被称为是女户，这女户要是贵为王侯将相级别，出行就得坐轿代步。男女授受不亲，伺候她们的轿夫则统一由女性担当。明朝初年，明太祖朱元璋下令"取福州女轿户"到南京服役。当时，闽南一带，民风开放，不拘礼法，所以女子并不强行裹足，闽南妇女以轿夫为职业的不在少数。

明代，女轿夫主要供宫廷大驾、婚礼、选妃以及亲王、公主婚配使用。洪武皇帝以后，女轿夫就不多见于正史之中了，只在一些皇子公主婚礼中，仍有专职负责抬凤轿的女轿夫偶尔出现。京城北迁后，宫中肩舆大多开始使用内宦，而宫外轿夫则应差达官，只有男性服务。因此宫廷女轿户逐渐成为夕阳产业，沦为宫廷礼仪中的一项配套差役。

奇怪的是，明代中后期，女轿户在民间反而更为多见起来，开始出现在大户人家的后宅闺园中,为遵守礼法的豪族内眷服务。

"花光满路,何限春游;箫鼓喧空,几家夜宴。"观铜梁明代石俑,恍如误入一部《东京梦华录》,虽为身后之事所造型,但何尝不是现实地方文化的复刻与翻版?

# 灵魂居所

越窑青瓷堆塑罐

话有的人说，灵魂可以栖息于文学、音乐、美术、科学……哦，不，古人不玩这些虚的，他们认为这些是伟大灵魂成就的东西，而不是灵魂的居所。要把自己的灵魂像神一样对待，吃喝玩乐、吹拉弹唱、诗书礼仪都要萦绕在它身旁。如此，灵魂才能有一个好归宿——仙界。

三国时期，一种为灵魂量身打造的器具——堆塑罐，开始大量流行。

>>>

灵魂是什么？一缕气、一束光、一种柔软可易形之物？

没有定论，但是给灵魂以栖息之地，却是千百年来的共识和理想。所以，人类对灵魂的爱和照顾，是他恋，也是自恋。

活着的人说，灵魂可以栖息于文学、音乐、美术、科学……哦，不，古人不玩这些虚的，他们认为这些是伟大灵魂成就的东西，而不是灵魂的居所。要把自己的灵魂像神灵一样对待，吃喝玩乐、吹拉弹唱、诗书礼仪都要萦绕在它身旁。如此，灵魂才能有一个好归宿——仙界。

三国时期，一种为灵魂而量身打造的器皿——堆塑罐，开始大量流行。

从已有的墓葬出土物来看，这种"灵魂居所"在西汉已有，那时叫五联罐、五升罐，形式简单，不做过多装饰；三国到两晋时期，不少达官贵人开始在自己的墓葬品中置放制作繁复、工艺讲究的堆塑罐，盛放死者的魂灵，又称为魂瓶、丧葬罐、谷仓罐。

安放灵魂的堆塑罐可不是一般的罐子，罐身和我们今天所用的差不多，有一个大肚，但在罐的上部，一般都有几个小罐，并且有罐口，不封闭。看上去正如这个罐子上生了几个小罐，开了几个小孔——这是为了让灵魂自由出入。看着这样的堆塑罐，你似乎能看见灵魂俏皮而活泼的一面。这幅画面，让人想起"狡兔三窟"这个成语。人死后，还能这样充满游戏精神，除了宗教思想的引导，也许正是和那个战火纷飞的年代有关。

东汉末年，诸侯割据，三国时期，纷争不断，你方唱罢我登场，一时闹哄一时安稳的时代，逼人前行。生前的社会游戏规则，自然影响了人的价值观，死后的明器因而也显示出一种逃避、求稳的风格来。

西汉、东汉时期五联罐，造型简约，但主旨明确。安放灵魂，但要给它狡兔出窟般的设计。罐子上部的五个小罐层次分明，中间的罐最大，周围环绕的四罐较小，有众星捧月之感。五个小罐之下是一个大肚的罐身，上下部分连接处的装饰，仅为几条横纹，腹壁为素面。湖北省博物馆就收藏了好几个东汉时期的五联罐。

随着朝代更迭，五联罐演变成堆塑罐。"堆塑"二字实事求是，就是要堆砌雕塑之意。堆塑罐十分精美，完全是按照艺术品的方式来打造。通常为敞口深腹大罐，口沿以及肩部堆塑谷仓、建筑和动物、人物等。这类器物在江浙一带的高级墓葬中时有出现，工艺繁杂细腻。

南京市博物总馆所藏的东吴凤凰元年（272）青瓷人物楼阁堆塑罐，堪称一绝。

该物发现于1995年南京江宁上坊凤凰元年墓，通高45厘米，底径17厘米。[①] 下部为罐身，上部为密集的人物、动物、建筑等堆塑。魂瓶上部口沿为廊庑状，四周有院墙，院墙四周各有一座角楼，开有方窗。中部链接四个小罐，小罐旁有佛像和飞鸟。在四个小罐底部堆塑也各有不同，分为

---

① 南京市博物总馆提供

四个区域，相对应的两个区域做门楼，有吹奏乐器的乐伎俑和立阙，另一区域为卧龟驮碑，碑上文字写有"凤皇（凰）元年立"等，剩下一区为两个头戴尖帽抱拳于胸的跪坐胡僧，其间还贴塑熊、麒麟等动物雕刻，十分精巧。

肉身是灭亡了，但高贵的灵魂需要安放，安放到什么时候？待时机成熟，上天去往仙界，获得新的任派，再投身非富即贵之家，一切才算了结。

官宦之家，对自己的阶级和血统，极为看重和爱惜，以至于人死了之后，还希望自己高贵的灵魂还可以有个安然适宜的所在，在没有跻身富贵名流的肉身之前，还可以在墓葬营造的灵魂居所里，自由自在。这是中国达官贵人给自己死后营造的一个轮回之地，也是理想之地。

三国时期，五联罐逐渐演变为谷仓罐，造型为中部有一大罐，肩部或周边有四个小罐或壶，器身堆塑各种瑞兽飞禽。

到西晋时代，灵魂居所已经是一派亭楼阁榭、歌舞升平之象，简直是红尘俗世的现实翻版了。

1966年，浙江省平阳县鳌江镇发掘一座西晋墓，墓主无考，其中就有一款青瓷堆塑罐，有50余厘米高。在罐的上部堆塑有雕工精美的楼台亭阙、人物百戏、飞禽走兽。盘上有龟趺，刻有"元康元年（291）八月二日会稽上虞"字样，罐腹上堆贴有铺首衔环、对凤、辟邪、骑士及动物图案，器体瘦长，釉色淡青，胎釉结合欠佳。

1981年，该罐曾以高超的工艺水平和艺术价值被大型彩色图册《中国陶瓷》（越窑）选为封面图版，特别是该书日文版的发行，更加引起中外陶瓷学界的关注。

浙江省博物馆收藏了一尊越窑青瓷堆塑罐，高41厘米，底径14.5厘米，制于东晋永昌元年（322）。[2] 这尊在杭州市萧山区出土的"灵魂居所"形态繁复，工艺更前进了一步。圆口，颈部以四飞鸟承四小罐分成四区，飞鸟是死者灵魂前往仙界的引领；正面为四层门楼，左右二阙，门前塑相对二兽和鸟。左、右、后三面各塑舞乐胡人，也是跪坐的人俑，堆塑罐腹部有佛像、飞鸟、熊、麒麟、蜥蜴等。罐体有小孔，是为了让灵魂自由出入。

除此之外，在绍兴市柯桥区博物馆，也有西晋时期的青瓷堆塑罐，堆塑罐有亭台阁榭、动物跪坐。

西晋以后，作为墓葬品的堆塑罐变少。元代以后，这种灵魂居所从地下走到地上，大家更多地用其象征意义，作为一种日常陈设，馆口与罐相通，象征通灵。这物件直到清代仍有延续，重庆中国三峡博物馆收藏了一尊清代的绿地三彩贴塑松鼠葡萄瓷五管瓶，色彩艳丽，造型活泼。松鼠有蓝色、棕色、白色、黄色四只，跳跃于五个管口旁，罐身装饰有八处葡萄，象征多子多福，富足丰盛。

但不管怎样变化，灵魂居所，永远是让人寄予希望的地方。

岁月流逝，青瓷这种火与土的产物就更显得深邃，神秘，这和时间长河本身的含义暗合。

这些堆塑罐上大大小小的孔，就像卧室、客厅、书房、厨卫一样，让魂魄自由出入，这于死者是多么快乐的事情。魂魄也可以像个孩子，或像散发狂人一样，无拘无束又怡然自得。

进也可以，退也可以，这大概是人生最理想的处境，人作为最高灵长，把这种理想赋予了死后之魂。生者给予了死后世界无限的浪漫主义色彩，死有什么可怕？不过是另一场游戏的开始。

---

[2] 浙江省博物馆提供

在博物馆里流连之时，我不禁也会想，要是自己百年以后，也有这样一个物件该多好。魂瓶从汉代到清代有迹可循，可见历代人们对死亡的尊重、敬意，煞有介事。

有财力的，子女儿女自会尽一份孝心；财力尚欠的人家，也会在生前提前为自己预备好，就像快到终点那些年，得先预备一口好棺材。"可千万别把棺材本输了。"戏曲人物都这么念叨。《红楼梦》里，贾府家财万贯时，"身后有余忘缩手"，没留一份棺材本，临了树倒猢狲散，王熙凤被卷了草席乱葬，自然不得周全。

芸芸众生，心之所想大概都是一样的。

灵魂出窍，要有进有退，古人比咱更有执行力。

# 死了都要爱

伏羲女娲交尾石棺

第一次在棺材上看见阴阳交合之术，我大吃一惊。古人大胆、浪漫甚至抽象化的文艺精神，与死亡世界相连，绝非惊世骇俗之举。可是一段时期的文化、民俗、中国古文明的博大精深，倒可以从此处窥得一斑。

>>>

四川乐山市最有名的,除了乐山大佛,还有乐山钵钵鸡。这是市民层面的审美,乐山小城别致的文化并不止于此,我们还能看到爱,以及以爱的名义昭示天下的性。

食色,性也。这是生前的凡事,也是大事,是人性使然,是顺天地自然之意,马虎不得,违逆不得。死了呢?是不是果真就白茫茫一片干净,清心寡欲?错!食色,性也,天地不灭。

第一次在棺材上看见阴阳交合之术,我大吃一惊,古人大胆、浪漫甚至抽象化的文艺精神,与死亡世界相连,绝非惊世骇俗之举,而是一段时期的文化、民俗。中国古文明的博大精深,倒可以从此处探幽一番。

这棺材不是普通棺材,是汉代的石棺。

在离四川乐山大佛不远的麻浩崖墓,出土了这样一具特别的汉代石棺。

棺身四面皆浮雕。正面为"迎客宴饮图",大肉大酒,十分开怀,四周有神兽护佑。后面为"龙虎衔璧图",龙虎在人们的观念中,是能帮助、护送人们升仙的神兽灵禽。侧面,也就是靠近死者头部的那一面,是伏羲和女娲的交尾图,两位神仙的下半身交合、纠缠在一起,呈舞

麻浩崖墓　　　　　　　　　　乐山麻浩崖墓上的伏羲女娲
　　　　　　　　　　　　　　　　　交尾图

蹈状，上身也极尽快乐之状。伏羲和女娲手中各执一个圆盘，一个圆盘里画着鸟，一个圆盘里画着蟾蜍，都是美好的仙境之意。交尾，是这幅图画的最直观的表达。而交尾这个词语特指人类以外的生物中，体内受精的动物的交配行为，如爬行类、人类以外的哺乳类、体内受精的鱼类、体内受精的两栖类、昆虫类、鸟类等。在此行为中，雄性的精子会进入雌性体内，并且与卵细胞发生受精作用。

伏羲和女娲，上半身是人，下半身是蛇，从肢体语言到实际内容很好地诠释了交尾。那为什么要画这样一幅画在棺材上呢？阴阳交合，你中有我，我中有你，化生万物。这是对死者的超度，对来生永恒的一种抽象寄望。而该石棺的另一个侧面，也就是靠近死者脚部的那一面，则绘有双阙，这代表着成仙之门。

食色，可以说这棺材上，全都点到，全都画到。通常，大部分墓葬、石棺、以及石棺旁的石壁上，都画着或雕刻着宴饮的场面，毕竟，民以食为天，饮食文化，是根本与必须，而宴饮之乐，也引申为一种通俗意义的快乐。在死后的极乐世界中，西王母携美酿仙桃驾临，代表着一种富贵生活。口腹之欲通常是墓葬绘画中的常规，但以性为主题的绘画就很少了。

伏羲与女娲是中国神话中繁衍后代的神仙。至于他们有怎样的爱情，并没有直接的文字表述。在很多版本里，关于他们的故事就是一笔带过，如"他们繁衍了人类"。

这一句总结陈词，给人极大的想象空间。所以在石棺画中，给他们的冥界赋予了美好——阴阳交合之乐。这美好是如何的？似乎直到唐代诗人那里才有了美妙的抒写与表达——"共赴巫山云雨时"，以自然间万物的生化来暗语阴阳交合的现在时和未来时。

绘画早于文字，在已有的考古文献中，专家发现人类最早是用绘画来记录生产生活的，由此产生象形文字，以至成就了现在的书籍文献。

那么阴阳交合用神话人物来象征和表示，和唐诗是一种效应，也许是那时人们还不便于启齿，但实际上，都已经心存此念。

这只是麻浩崖墓众多石棺中的一具。麻浩崖墓位于凌云、乌尤两山之间的溢洪河道东岸，麻浩是地名，崖墓，是古代流行于乐山的一种仿生人住宅、凿山为墓的一种墓葬形式。这种墓葬从1800多年前的东汉流行至南北朝时期。这一方于2003年乐山市中区水口乡石羊村出土的石棺，很好地诠释了汉代的生活场景，以及人们大胆和自由的民风，在伏羲和女娲所表现的阴阳合一的世界中，可以观想生前他们是有多热爱这桩事情，死了也还要继续。当然，他们也是为了千千万万的子孙后代。生命，永远都是最高礼赞。

除了乐山，在四川省泸州市合江县出土的大量汉代石棺上，也普遍有伏羲女娲交尾的石刻画像。在合江县汉代画像石棺博物馆里，可以大饱眼福。此馆收藏了三十余座东汉至南宋时期石棺，有不少还是国家一级、二级文物，在这些厚实、阴沉的石棺的棺身上，大多数刻有"伏羲女娲交尾

合江出土的石棺的交尾图

图"。这种象征良辰美景的春宵之图，消解了大规模展示的厚重石棺带来的恐惧。以 1995 年合江出土的 5 号石棺为例，伏羲、女娲巨大的尾部似身体般粗壮，他们将尾部缠绕成麻花状，各自的上半身相向而立。

死后还在棺材上刻画阴阳交合之图，除了纪念男欢女爱的人世快乐，也是希望墓主人子子孙孙无穷匮也，在后世或轮回中，除了吃好喝好、富贵千代，阴阳交合也用中国人隐晦的方式寄托于神明表达出来，刻在棺材上，可见民风的自由。不管是从私人角度的愉悦，还是从开枝散叶的家族大计为考，都提供了无穷的想象。

重庆出土的汉代石棺，也有不少绘画有伏羲女娲阴阳交合的浮雕像。比如重庆璧山区蛮洞坡崖墓出土的一具棺材，棺身两侧以及两端皆有较为丰富的画像。前端以双阙为主体，左右阙规格相同，一左一右位于端面正中。后端则以伏羲女娲为主体，两位大神突出人形，左侧应为伏羲，头戴进贤冠，吻部突出，腹部如鼓，右手托举日轮；而右侧的女娲形态与伏羲基本相同，不过是左手托举月轮。两人穿着宽袍束腰衣服，手挽着手，而且都长出了人腿，两腿之间，各有一条巨型无比的蛇，有眼睛有信子，尖头细身，互相交叉，看上去十分生猛。此画像被雕刻在石棺的一头侧，宽58.9厘米，高58.6厘米。[①] 这款墓葬石像，对死后之爱的描绘，与之前提到的那些石棺相比也是用力偏猛的。

这种类似的画面，在重庆还有好几处，都是画在汉代石棺上。比如重庆璧山区小河坝墓群出土的石棺，伏羲和女娲的尾部交叉成"X"状，整幅画像以凸面线刻的方式表现。在江津区烟墩岗砖室墓出土的一具石棺上，伏羲和女娲呈完整的人形，四肢皆有。女娲梳着高髻，右手执规，左手托举月轮。伏羲戴山形冠，着交领上衣，左手执矩，右手托举日轮。他们的尾器从阴部生长出来，巨大无比，比两腿都要粗，尾部互相交织成一个横着的"8"字形，有一种"狠狠爱"的即视感。

伏羲女娲交尾石棺（重庆中国三峡博物馆）

---

① 重庆文物考古研究院提供

伏羲女娲交尾石棺拓片（重庆中国三峡博物馆）

　　重庆中国三峡博物馆里馆藏着这些汉代棺材以及伏羲女娲交尾的拓片，摒除了常人见到棺材时感到的阴森，反而能叫人咂摸出视死如生的趣味和生殖美学来。

　　看多了棺材上的阴阳交合术，不禁觉得古人可爱、质朴、笨拙，以至于这些特点交融，显出了对死后世界描述的用力过猛。这种爱本是好意，是成全，大概是石头雕刻缘故，所以表现出来反而有一种刚硬，少了爱本身的柔和。如果换一种材质，是不是会接近爱本身呢？

　　至唐代，这个民风更为开放的朝代里，在墓葬上也延续了"阴阳合欢"。

　　1967年吐鲁番市阿斯塔纳76号墓出土了唐代的《伏羲女娲图》（绢本，设色），长184厘米，上宽85厘米、下宽75厘米。[2] 吐鲁番的伏羲女娲图，多出于阿斯塔纳哈拉和卓古墓群，交河故城附近的墓地也有少量发现，大

---

② 新疆维吾尔自治区博物馆提供

多在夫妻合葬的墓穴中,一般用木钉钉在墓顶上,画面朝下,少数画则折叠包好放在死者身旁。伏羲在左,左手执矩,女娲在右,右手执规,人首蛇身,蛇尾交缠。两人上方有以象征太阳的一周画圆圈的圆轮,尾下是象征月亮的一周画圆圈的半月,画面四周画象征星辰以线连接的圆圈。我国古代有"天圆地方"之说,女娲执规象征天,伏羲执矩象征地。因为绢帛的柔软,这种"阴阳合欢"墓葬品就显得如爱一般柔和了。

爱是温柔乡。

夫妇合葬,在墓中放置神仙阴阳交合的画像,自然代表了世世代代为夫妻的美好意愿。可见这生前的恩爱。

生亦何欢,死亦何苦?在这些交尾的墓葬画上,古人对人本位还是有着浪漫的理解。

# 天车的世界

堪称「护身大法」的大车

在深乡野味的巴蜀一隅百姓，天车像是一种神秘武器。

三十余根圆杉木被棕绳捆成一大束，三根大束被捆绑成锥形，高耸入天，成为一座天车。天车四周有四个腿，顶上架设天辊，地上有地辊，拉十二根风篾稳固重心。

>>>

在深乡僻壤的巴蜀一隅自贡,天车像是一种神秘武器。

三十余根圆杉木被麻绳捆成一大束,三根大束被捆绑成锥形,高耸入天,成为一座天车。天车四周有四个脚,顶上架设天辊,地上有地辊,拉十二根风篾稳固重心。

山林随风哗哗作响,密密麻麻的天车在山地与丘陵中一字排开,矮的十几米,高的超过一百米,盐井在地面下轰然作响。

那是20世纪40年代,日本侵略者们已经开始了重庆大轰炸,并对巴蜀一带虎视眈眈。防空警报在山林间响起,自贡的盐工、硪工、使牛匠正在忙碌,纷纷丢下手中活计,躲了起来。

日本敌机飞过自贡的上空,盘旋了数周,终究没有投下炸弹。敌机拖着硝烟的尾巴飞走了,凡有天车的地方都安然无恙。事后才知道,日本人以为这些木制的大家伙是高炮发射台,没有轻举妄动投射炸弹,自贡算是躲过了战争的劫难。

天车,得以保存。

这些立于自贡大地上的天车,实际上是井盐的开采装

古时用来挖掘盐井的大车，类似今天的卷扬机或卷轴

置之一。在自贡井盐的鼎盛时期，即清朝，一千多座天车同时运行，辘轳作响，摇动天空，蔚为壮观。

　　作为产盐大户，自贡有近2000年的产盐历史，自贡第一口盐井"富世盐井"开凿于东汉章帝年间，在当时的江阳县（今属泸州）境内。

　　早期人们挖掘盐井的方式与挖掘水井并无多大差异，使用的工具都是锄、锸、锤、耜等，完全靠人力挖掘、破碎岩石完成。至北宋庆历年间，由于长期大量开采，浅层卤水枯竭，四川盐产量日渐萎缩。四川盐工在总结前人经验的基础上，发明了一种新的凿井方式——冲击式顿钻凿井法。北宋苏轼的《蜀盐说》记载："用圆刀凿山如斗大，深者至数十丈，则咸泉自上。"

形式虽改进，但始终都是以人力来完成。

在自贡众多盐井中，燊海井堪称登峰造极。始于清代道光年间的燊海井，至今仍未摆脱人工苦力。人类以持续不断的力量来对抗自然，利用自然。

燊海井的天车把地下的卤水提上来。类似现在开采石油的井架，不过前者是木制，后者是金属加发电机运作。

燊海井是一口以天然气为主、兼产黑卤的生产井，曾日产天然气8500立方米、黑卤14立方米，有烧盐锅八十余口。[①] 不过在如今的作坊里，只能看见两个工人在八口锅前工作。工人把黄豆磨成豆浆，按照一定比例倒入锅里，用来分离杂质，提高盐的品质。白腾腾的雾气从黑暗处升上来，灯光照耀着煮卤铁锅，一个工人手执铁锹，将沸腾铁锅中的盐一铲一铲盛放到旁边的小铁桶中，铁桶已经冒尖，远看像豆渣。作坊里到处都是白盐

分离卤水工作台

燊海井今日的烧盐作坊，工人们正在分离杂质

---

① 自贡燊海景区提供

木制天车，类似今天开采石油的井架

的痕迹、铁桶壁、房柱、房梁，甚至整个作坊的地面也全被白盐所覆盖。空气中飘荡着臭鸡蛋的味道。

"白头灶户低草房，六月煎盐烈火旁。走出门前炎日里，偷闲一刻是乘凉。"清朝吴嘉纪的《煎盐绝句》描写的大概就是眼前的工房，只不过，曾经这里工人众多，马不停蹄，熬盐是众生之苦。

和天车同时"开马"的是大车，堪称"护身大法"。大车类似卷轴或卷扬机，用来缠绕绳子，把盐卤从井里提出来。由于井深1000余米，因此盐卤和绳子的重量很重，只能给牛蒙上眼睛，来充当冤大头，拉动这个"大车"。无数的牛死于这种过度劳累，即便旁边有牛池供其洗澡、放松，也不能改变它们被井盐生产累死的命运。

然而历史给了燊海井应有的地位。它是世界第一口超千米深井，采用冲击式顿钻凿井法于1835年钻成，深度达1001.42米，它的钻成标志着中国古代钻井钻凿技术已臻完善，是人类钻井史上的一块丰碑。②

现在燊海井还保留着原址原貌，作为景点对外开放。"全国重点文物保护单位"的牌子醒目地立在一旁，提醒着这小小房子里的神奇。英国科学史家李约瑟在其著作《中国科学技术史》中高度肯定了中国开凿盐井的技术，并认为这开创了现代机械钻井的先河。

盐，历来是国税之重。

自从春秋时期名相管仲提出并实行食盐专卖政策，贩盐所获的利润全都归了朝廷。在随后的朝代里，统治者们为了确保国库收入，食盐大多采用了专卖制或者是征收重税。到近代，盐税与关税、田赋更成为国家财政收入的三大支柱。

清代以后，开发利用的盐业资源主要有辽宁、河北、山东、江苏、浙江、福建等省的海盐，四川、云南等省的井盐，山西、甘肃等省的池盐。此外，还有陕西、内蒙古、山西、河南等地区少量的土盐、膏盐、岩盐。其中四川的井盐，两淮、长芦的海盐供全国一半以上人口食用，这些地区自然也成为国家财政收入的主要来源地，在国家社会经济中占有重要地位。

自贡盐业富甲一方，也制造了当地的"工匠时代"。盐业催生了井、筧、灶、号等相关的产业链。手工艺一时繁荣空前，山匠、碓工、使牛匠、拭篾匠、勾水匠、土工、木工、筧山匠、翻水匠、坐码头、灶头、烧盐匠、桶子匠、打锅匠、车水匠、抬盐匠、伙房等几十类工种，如雨后春笋般

---

② 自贡市盐业历史博物馆提供

涌现。

正在维修外墙的自贡市盐业历史博物馆布满了各种脚手架,我钻过架棚,低头而入,仍能感受到建筑浓郁的戏曲风格。

清代乾隆年间,到自贡自流井区经营盐业的几位陕西商人合资修建了西秦会馆,忙时谈商赚钱,闲时喝茶会友。这座融合明清两代的宫廷建筑与民间建筑风格为一体的建筑,其木雕、石刻、彩绘、泥塑多达数百件,遍及全馆,尤以大门口的石狮以及献技楼、金镛阁、贲鼓阁等楼阁的雕刻最为突出。

1959年,西秦会馆被辟为自贡市盐业历史博物馆对外开放。从此以后,盐商们在这里谈笑风生、功成名就的场景,都成了惹人追思的过往,沉吟间,转头见飞檐走角,威严肃穆,怒放的银杏树色泽缤纷,在福海楼西边探出一头,明艳动人,盐业历史的兴衰在这里静静流淌。

青灰色的砖墙上,黄葛树摇曳生姿,如豆的红色果实绕枝而结。它们通通指向天空,那些有云和无云的空间,富贵曾如此逼近。

# 南宋的偷安

南宋高浮雕倚门男侍石刻
（泸县宋代石刻博物馆藏）

泸县属九州之梁州，为巴国所有。秦灭巴蜀后至西汉初属巴郡。汉景帝六年，也就是公元前151年，"封赵相苏嘉为江阳侯"，建江阳侯国，这标志着泸县建制开始。现在，泸县属于四川省泸州市，虽是一个小县城，却也史援千载，文根丰厚。

2002年，泸县考古有了国家级的重要发现，泸县乃至整个泸州市的宋墓群，数量之大，保存之完好，令人惊叹。于是，泸县宋代石刻博物馆也应运而生。

⋘

泸县属九州之梁州,为巴国所有,秦灭巴蜀后至西汉初属巴郡。汉景帝六年,也就是公元前 151 年,"封赵相苏嘉为江阳侯",建江阳侯国,这标志着泸县建制开始。现在,泸县属于四川省泸州市,虽是一个小县城,却也史接千载,文根丰厚。

2002 年,泸县考古有了国家级的重要发现,泸县乃至整个泸州市的宋墓群,数量之大,保存之完好,令人惊叹。于是,泸县宋代石刻博物馆也应运而生。

泸县宋代石刻博物馆位于玉蟾街道温泉景区,深棕色的博物馆建筑现代、时尚,周围被濑溪河环抱,如浮萍漂游于水上,步道迂回相随,你根本想象不出这是一个县城里的博物馆。

时间一到,博物馆外等候的人们鱼贯而入。武士、四神、伎乐、侍仆等石刻画像扑面而来。一尊尊石刻艺术品映入眼帘,仔细观摩,这些石刻艺术主要是南宋时期的墓葬石刻,多是 2002 年到 2010 年从泸县牛滩镇、泸州瓦窑堡和其他乡间征集而来。

考古发现,泸县石室宋墓多是同坟同穴异室的长方形单室墓葬,也有相通的双室或多室墓葬。墓葬一般长 5.5

南宋高浮雕二男侍从石刻（泸县宋代石刻博物馆藏）

米左右，宽 3 米左右，高 2.5 米左右。①墓葬分别由墓道、墓门、墓室组成。墓室由条石构筑成仿木结构的形式，内有多种精美雕刻和仿木构件。墓顶有盝顶、藻井顶和穹隆顶三种。不过为了方便保存和展览，博物馆里只展出了"零件"，虽然相比洛阳古代艺术博物馆原样复建墓穴的震撼，少了些现场感，但这也是大多数博物馆的展览的方式。

泸县的石墓是典型的石室墓，被泸县人称为"生基"，是墓主人仿照生前住宅的建筑风格，在地下用石料构筑的仿木建筑。这是他们死后的安息住所。与汉代石棺画像相比，早期浓郁的神仙氛围已被生动的世俗生活所取代，人们对遥远天国的神往，转化为具体而形象的地下家园。

这种家园非常活泼、接地气。比如"高浮雕二男侍从石刻"相当喜庆，左边的男性手执酒壶，右边的男性端着一盘着装，官帽高高耸立，两人均

---

① 泸县宋代石刻博物馆提供

南宋高浮雕瑞兽花卉石刻（泸县宋代石刻博物馆藏）

面露微笑。中间是一座椅，一副恭请老爷的状态。这种"请老爷上座"的画面还不止一处，有一男一女侍从、二女侍从、一女侍从、一男侍从……绝不雷同，真正是在细节上做文章。

其中，高浮雕瑞兽门扇石刻十分惊艳。这扇石门画像分上下两部分，门扇上部浮雕一男一女。男人左手持笏，面容得意，身着官帽朝服；女人笑容甜美，头挽高髻，手持元宝，富贵之极。这两人的背景是一个圆形，圆形画面象征圆月，而下方浮雕一只三足蟾蜍。这寓意着"蟾宫折桂"。下部浮雕是灵鹿与飞鹰，也是富贵权势与美好的象征。

武士，是泸县石刻艺术的大宗作品。武士像通常立在墓门两侧，充当着镇墓守卫的角色。武士的形象大多取材于宋代军士，情态各异，有的身披甲胄，手持斧头、戟等各种武器；有的手提恶鬼，脚踩祥云，形似神将；还有的戴交角幞头，手执骨朵。

南宋四联女武士石刻
（泸县宋代石刻博物馆藏）

南宋高浮雕倚门女侍石刻
（泸县宋代石刻博物馆藏）

这些武士被集中在一个房间里，可见数量庞大。

出乎意料的是，这里还有四尊女武士石刻，这是中国迄今发现的宋墓中绝无仅有的女性武士形象。她们脸庞丰腴，柳眉细眼，但神情威严、刚烈，凛然不可侵犯。若不注意，一时竟难分雌雄。

在汉代石棺中通常可见"妇人启门"系列石刻——两扇门的画像中，推开了一扇门，一位女子从门里探出头来——而在泸县出土的宋代石刻中，这些"启门"系列的石刻更显丰富，从造型到故事寓意中，都偏向世俗之乐。

泸县出土的这些"启门"石刻既有女子像，也有男子像，不像汉代同类题材的石刻，几乎都是女性。也许是这个动作本身就包含了一种俏皮状，所以主角的表情也通常是面带微笑，而且手持各种玩意儿，十分可爱。比如有一尊男子像，笑得尤其夸张，谁见了都会忍不住笑，仿佛在表达"欢迎光临"，又仿佛是房间里的百乐景象让他还有情绪滞留，让人不得不揣测，或许门里正是一派享乐的好风光呢！另一尊女子像则是手持一面镜子，那镜子镜面大，醒目，十分夺人眼球，持镜者也平添了几分妖娆。还有手持侍盘及其他什物的，不一而足。

北宋重文轻武，实内而虚外，靖康之变，连皇帝都被金兵掠走；南宋建立后，偏安一隅，虽余惊未消，但耽于苟且偷安。而巴蜀一带的泸县，很可能受这种大环境的影响，在现实和墓葬文化中，一直有着灾难临近前"及时行乐"的心理。世俗层面的欢乐和无拘无束，似乎让他们没心没肺，抑或是认为战争随时会来，不如活在当下；死后，他们也不幻想成仙进入仙境，如果能复制，依然企望快活如人世般的世界，这既是对当下的认真，也是对未来的期许。

# 千门开锁万灯明

青釉人骑兽灯

"别有千金笑,来映九枝前。"天寒地冻,百物萧条,唯有万灯明耀,能把家家户户门锁启开,将人心紧紧攥住。

灯是火的载体,是光明和温暖的所在,自古以来,人们在灯具上倾注了不少心力。

"别有千金笑,来映九枝前。"① 天寒地冻,百物萧条,唯有万灯明耀,能把家家户户门锁启开,将人心紧紧攥住。

灯是火的载体,是光明和温暖的所在,自古以来,人们在灯具上倾注了不少心力。

青铜灯出现于战国中期,流行于秦汉两代,样式众多,用途细化。行灯便是专用于夜间导行,多为浅圆灯盘,直口平底,下有三矮足,一侧有执柄,自铭为"行灯"或"行烛灯"。

战国时期的青铜风行灯、人骑骆驼灯,都是青铜时代的代表作,尤其是后者——历史上,以骆驼为灯座的铜灯极为罕见。

河北省满城县西汉中山靖王刘胜妻窦绾墓出土的长信宫灯,现已是中古文化的代表作。长信宫灯通高48厘米,形象为跪地执灯的年轻宫女,通体鎏金。② 宫女左手持灯盘,右臂上举,袖口下垂成灯罩。灯盘可以转动,灯盘上的两片弧形屏板可以推动开合,以调节灯光的亮度和照射

---

① 《十五夜观灯》,卢照邻
② 《国家宝藏》 第235—237页《长信宫灯》(佟洵、王云松主编, 四川人民出版社,2018年版)

方向。宫女身体中空，烟灰经右臂进入体内，以保持室内清洁。灯的各组成部分还可以拆卸，有利于清洁。整个造型自然优美、舒展自如、轻巧华丽，是一件既实用又美观的灯具珍品。

从灯具可以看出一个王朝的风格。东汉的铜牛灯牛角无限延展，正好组成弧线，把烛台围了起来；南朝出土的人骑兽形铜灯，神人长脸、垂耳高鼻、双目突出，骑于辟邪上；隋朝的青瓷五管烛台，是一个倒扣的莲花状，敦实可爱。

灯自古以来，是希望的象征，在岁末年初，若有一场盛大的灯会，既是对过往生活的圆满总结，也是对来年的热情期许。人们需要热情来维系对生活的向往。

东汉皇帝刘秀收拾新莽残局，重新统一天下，再造大汉，建都洛阳，为了庆贺这一功业，在宫廷里张灯结彩，大摆筵席。后来精美的彩灯制作技术传入民间，并以"宫灯"命名。

洛阳古城常常举行灯会，大量的诗歌曾经在不同的时期记录下洛阳城里这明艳动人的一幕。到了公元 610 年，隋炀帝于正月十五在洛阳宫城正门端门以外、建国门以内沿街搭起彩绘戏棚，"张灯结彩，火树银花"。

独乐乐不如众乐乐，在《旧唐书》里，记载了唐玄宗先天元年（712），"初有僧婆请夜开门燃灯百千炬，三日三夜"可以想见其光明夺月色的热闹。

到了宋代，登峰造极，孟元老的笔记体散文《东京梦华录》记载着北宋都城开封灯节"歌舞百戏""灯山上彩，金碧相射，锦绣交辉"的盛景民俗。

清代时官方不再举办灯会，但民间灯会方兴未艾。巴蜀一带的自贡，灯会之兴隆甚至吸引了外国人的注意。自贡荣县的灯会更被载入了史志。在民国赵熙版的《荣县志·灯火》中记载："西人来观方欣然，京沪所不见"，"缅索诸技唐宋俱详焉"，其繁华超过北京、上海。而从荣县铁山古道杨泗岩上的天灯会碑记摩崖石刻、自流井区仲权镇南华宫敬设万年天灯碑记、贡井区五皇灯会石碑等古迹上，都能看到当年的盛景。

1949年以后，四川自贡便开始筹办全国性灯展。③1964年，自贡举办了中华人民共和国成立后的首次春节灯会，展出的1225支彩灯巧妙地布展于公园湖面，名胜灯、花鸟灯、宫灯等，正式拉开了自贡灯会传统的序幕。1988年6月16日，自贡灯会在北京北海公园举办中央首长专场展出活动，邓小平等国家领导人前往观灯。④

每年春节前，自贡都会举行长达三个月的迎新灯会。每逢灯会，全国各地的游客都会远道而来，体验这项中国传统盛事的美好。大概基于此，1992年经国家文物局批准建立，中国彩灯博物馆花落自贡。这座中国乃至世界唯一的关于彩灯文化的专业博物馆，1994年正式开放，此地也成立了中国彩灯"收藏、保护、研究和展示"的专门机构。

中国彩灯博物馆本身也是艺术品。建筑由建筑部原高级顾问、建筑大师戴念慈先生主持评审，按东南大学建筑系设计方案修建。整个建筑具有

自贡灯

---

③ 中国彩灯博物馆提供
④ 中国彩灯博物馆提供

"灯王"

浓郁的民族风格和灯文化专业博物馆的特点，曾被评为中国建筑设计最高奖"鲁班奖"金奖。

我在中国灯文化历史厅中漫步、观摩，博物馆工作人员亦步亦趋，说道："自贡以外出土的历史灯具，是原样复制品，如长信宫灯原件，现藏河北博物院。虽然这些是原样复制，但都是得到当地博物馆、博物院许可了的。"

这让人不免遗憾，但我知道，所有铺垫都是为了高潮——自贡灯会。

为了节省成本，灯展上的灯，寿命通常只有三个月，所以材质并非最好，而博物馆要陈列同样造型的灯，寿命要求至少一两年。而且在露天场合里展示的灯具要高大、繁复，适合户外展示的不一定适合博物馆陈列，有些灯具是按比例缩小的。有"灯王"之称的瓷器宫灯王就是如此。瓷器宫灯王是往年灯展上的宝贝，也是中国彩灯博物馆的镇馆之宝。为了将其挪到博物馆，只能按原比例缩小一半，重新制作了一尊。

令人咋舌的是，这具宫灯全部用陶瓷勺、碟、碗捆绑而成，勺中有碟，碟中有勺，无任何胶水粘连，大大小小器具组合，全由景德镇定做。宫灯顶端是一玉龙，目、嘴、鼻表现细腻，颈上长鬃高耸，体态矫健。宫灯的边框均由瓷器组建而成，八角样式，底部则是由瓷器搭建的几个龙头，眼睛是灯，会眨会闪。灯面上则是飞天。这个"灯王"以体形高大、瓷器装饰精密繁复而著称，气势宏伟，已如王者入魂。

人难扎，皮更难扎。

风靡全球的《冰雪奇缘》《白雪公主和七个小矮人》，故事场景十分讨喜，冰雪公主、小矮人们欢喜而浪漫的造型，几乎人见人爱。可是，最难的是让人物的面部合理而持久地发光。让人体和面部内部发光，过去用的是泥塑造型，再刷上一层玻璃光。可惜的是，这种光很快就容易坏掉、透光性差。用布艺造型是近几年技术革新带来的转变。布艺造型透光性好，就是人物造型偏难，不过冰雪公主和小矮人们的造型逼真，看起来这个难题已完全解决了。

直到今天，自贡仍有22处以"灯"或"灯杆"命名的地名和灯会遗址。[5] 如富顺县的点灯山、灯杆坝，贡井的万年灯、灯树坝，荣县的天灯坝、

"冰雪奇缘"灯　　　　　　"白雪公主和七个小矮人"灯

---

[5] 中国彩灯博物馆提供

平遥灯 　　　　　　　海宁灯 　　　　　　　糖果灯

灯夹林等。

每年灯会，山西平遥和浙江海宁都有参展作品。

海宁的灯具精致小巧，擅长用针扎技术绘画造型，古代的天伦之乐图用针扎成绣像图，围成灯笼的四面或六面，远看还以为是工笔画。因为精致，海宁的灯展作品都不太大，更适合放在博物馆里陈列，但凑近了看，这些作品却是针针精湛，细节都经得起推敲。海宁的宫灯、崇尚素雅，有青花瓷之风、古画本绣像之态。

平遥的灯，则多是中国农村风貌。比如丝扎工艺的羽人捧圈，用黄绿色搭配；传统项目龙灯，采用了极为浓烈的金黄、大红色，让人联想到山西民歌、黄土高原、落炕的人与缺口土碗。

糖果灯五彩缤纷，挂满了三楼和四楼的空间，混杂着唐朝明月和日式和风的气息。

拾级而上，蓦然回首，东风夜放花千树，余兴难尽。

灯会在元宵夜达到极致。风流才子唐寅挥毫"有月无灯不算春"，这也道出了大众节日赏灯的情趣与乐趣。繁复也好，清俭也罢，都成了历史文化生动的注脚。

# 摇钱树，把谎言坐实

东汉灰陶麒麟摇钱树座

"摇钱树根本就不存在。"这是大人们给小孩子普遍灌输的理论。然而走进历史，古代的大人们却期盼、相信、求天告地，并亲自行动起来制造摇钱树。在四川一带的汉代墓葬中，精美、细致的青铜摇钱树、陶瓷摇钱树，让人叹为观止——好像是空中凝集了成人世界的谎言。

>>>

神话中,摇钱树一向是坏人标签。

这种坏凝聚了好吃懒做、坐享其成、自不量力、腐败堕落等综合色彩。只要摇钱树一出现,就注定了这是一个关于财迷心窍、搬起石头砸自己的脚的故事。洋洋洒洒的《中国神话故事》《中国民间故事》《中国少数民族故事》中,都少不了关于摇钱树的令人啼笑皆非的故事,甚至妇孺皆知的影片《阿凡提的故事》中,摇钱树也是痴人说梦而已。

"摇钱树根本就不存在。"这是大人们给小孩子普遍灌输的理论。然而走进历史,古代的大人们却期盼、相信、求天告地,并亲自行动起来制造摇钱树。在四川一带的汉代墓葬中发现的精美、细致的青铜摇钱树和陶瓷摇钱树,让人叹为观止——好像无意中窥见了成人世界的谎言。

作为汉代墓葬品,这些摇钱树做工精细,铜钱吊满细如发丝的枝丫,说"金枝玉叶"一点也不为过。汉代先民们大概长时间注视、抚摸过这些摇钱树。富贵人间、富贵天堂,是多么简单而强烈的愿望。好吧,带一棵自制的摇钱树到地下世界,今生的红运是我挣,来生的飞黄腾达靠天佑,摇钱树是那样地纠缠于心,生时死时都要怀抱在旁。这自相矛盾的一幕,让人哑然,也让观者慨叹生而为人的复杂与浮躁。

摇钱树由树座和青铜树组成,四川博物院、重庆中国三峡博物馆、汉中博物馆、绵阳博物馆、四川宋瓷博物馆、忠州博物馆等都陈列有不同类型的摇钱树以及树座。

绵阳博物馆珍藏了一棵东汉摇钱树,基座为红陶质,树用青铜浇铸。树干直径约1厘米,叶片最长约15厘米,最短为10厘米,每片树叶厚约2毫米,树高度应在1米左右,为三向八枝。[①]所谓三向八枝,即为摇钱树枝干被分为三层共八片枝叶,呈对称分布。树冠可分七层,顶层饰凤鸟为树尖;其下二层的树干与叶合为一体,饰西王母、力士和璧等图案;下部四层插接二十四片枝叶,向四方伸出,饰龙首、朱雀与犬、象与象奴、朱雀与鹿以及成串的钱币等图案。

1972年江口崖墓出土的一棵摇钱树,高达1.44米,是我国汉崖墓出土的造型最大、铸工最精、图饰最丰富的摇钱树,被定为国家特级文物,现藏于四川博物院。这件国宝1986年赴日本展出,惊艳海内外。中国古代精湛的铸造艺术,令人咋舌。树座上端是一中空的柱,用以插物,其上有的浮雕羊、蟾蜍、天禄、辟邪,有的浮雕歌舞的人、持瓶骑于羊身的人或坐于龙虎座上的西王母,有的浮雕方格纹、串枝纹和方孔圆钱。[②]

完整保存的摇钱树不多,有的博物馆只藏有摇钱树座。即便这样,作为摇钱树的一部分,树座也十分珍贵。树座一般有石质和陶质两种,以陶质为多,上小下大,具有神话、民间传说的色彩,显得十分可爱、耐人寻味。

四川省达州市达川南城三里坪汉墓出土的"汉代辟邪摇钱树座"是达州市博物馆的镇馆之宝。该树座为青砂石质,辟邪神兽造型,辟邪昂首蹲

---

① 绵阳博物馆提供
② 《四川彭山汉代崖墓》(南京博物院编著文物出版社出版1991年7月版)

伏于一长方形底座之上，头顶部凿有一个方形榫眼，为插摇钱树干之用。辟邪面部生动，张口吐舌，憨态可掬，胁生双翼，胡下卷须，胸刻半环弦纹，背刻鳞甲，片片相叠。胸左侧阴刻一蟾蜍，双爪高擎两朵花束；胸右侧刻一女，屈膝而坐，单手托举三穗花枝，分别系"羽翼升天"和"嫦娥化蟾蜍"古代神话传说。

无独有偶，位于遂宁的四川宋瓷博物馆也收藏了一对绿釉红陶摇钱树座。这对树座1991年出土于遂宁金鱼村，底座上雕刻有大大小小的铜钱，其上有一只匍匐的小猪，虽然造型比较模糊，但能看出钱满钵长富贵之意。

重庆地区也有汉代摇钱树的发现报告。

2016年出土于忠县涂井乡友谊村老鸹冲墓群2号汉墓的摇钱树座为陶瓷制成，通高43.4厘米，底宽33.8厘米，呈圆锥状，上小下大，中空无底座，造型为"仙人骑羊"，通体施以绿釉。[③] 在古代，"羊"字音通"祥"，所以羊的造型寓意未来吉祥美好。骑羊的仙人为汉代图像中常见的"羽人"。秦汉时期，长生不死之神仙传说盛行，人们认为可以通过求不死之药、修炼服丹等方法不死成仙，飞升天界，故仙人身上有羽翼。这些摇钱树座之所以埋藏在死者的墓中，就是因为它们寄托着死者的某些祈求与心愿，如飞升仙界。

无独有偶，忠县还出土了一款东汉红陶羊蟾摇钱树座。羊跪坐在一只匍匐的蟾蜍身上，结实、安详，羊背上有一根粗实的管瓶，便于安放摇钱树。目前，这款树座收藏在位于重庆中国三峡博物馆。

在墓葬中，放一棵或几棵摇钱树，自然是希望子子孙孙富贵延绵，这种美好心愿，在设计考究的摇钱树中得到具体体现。

重庆中国三峡博物馆里还收藏了几款东汉时期的摇钱树座，虽然陶质斑驳，但仍能看出其中的气势和洋洋得意之感。比如，红陶瑞兽摇钱树座、

---

[③] 重庆文物考古研究院提供

东汉红陶瑞兽摇　　东汉红陶羊蟾摇钱树座　　　红陶龟羊摇钱树座
钱树座　　　　　（此三均为重庆中国三峡博物馆藏）

一只羊坐在一头巨兽身上，巨兽的头风化严重，看不出具体是什么；红陶龟羊摇钱树座，一只小羊骑跪在一只巨龟身上；灰陶麒麟摇钱树座，麒麟仰颈昂首，咧嘴作啸状，器宇轩昂；而在另一件类似的底座中，麒麟长着大嘴，貌似一条欢快的狮子犬，尾巴卷曲呈讨好状，背部中心是一根插管柱，可以插摇钱树，麒麟的整个形态十分喜庆可爱。

四川省射洪市出土的摇钱树，枝叶上有凤凰、羽毛、外圆内方的钱币等各种装饰物，讨巧且博人喜爱。和今天的招财猫一样，人们祈盼能借此招来财运滚滚，但是在设计上，相比摇钱树，招财猫显然太粗糙，太不讲究了。虽然都是象征，但如果财神有知，大概会更青睐那些做工考究的古代摇钱树的主人吧。

在汉中博物馆，高大精致的摇钱树一下子就吸引了众人眼光。玻璃展柜里的摇钱树有 1.42 米，它东南西北四面展开的树枝最大宽度 81 厘米[④]，

④ 汉中博物馆提供

摇钱树（汉中博物馆藏）

所有枝叶外形酷似片片凤鸟羽毛，每片羽毛由大小各异的五铢钱组合而成，并套有凤、凰、青蛙等动物嬉戏图案和人物生产劳动场景。树的底部雕刻有身穿兽皮的人物，以及狩猎、耕种等劳动场景。在摇钱树接近顶部的地方，有两只嬉闹的小猴，各拿一枚方孔五铢钱币。这与顶部作展翅欲飞状的凤鸟相映成趣。可以说，这棵摇钱树，百看不腻，祥瑞、灵兽、人类，高度和谐共存。作为国家一家文物，果然实至名归。

　　从现有的考古资料来看，摇钱树更多的是东汉中晚期墓葬中的明器，但似乎又不仅限于此。清代文人笔记有细腻而浪漫的慕古情结，富察敦崇著的《燕京岁时记》如此记述："岁暮取松柏大者，插入瓶中，缀以古钱、元宝、石榴花，称为'摇钱树'。"这种摇钱树，显然不是汉代出土文物的样式，只是文人清供的一种，为贺岁之用，和同案台上摆放的水仙、蜡梅、

绿釉摇钱树座（汉中博物馆藏）

沉香差不多，但多少也体现了美好的寓意。

冯梦龙的《警世通言》第三十二卷《杜十娘怒沉百宝箱》一文中说，"别人家的女儿便是摇钱树"，可见摇钱树这种东西在那时也是有的，不过更多时候物件本身已经抽象化了。

千世百代，欲望没有停止。清代依然有摇钱树的墓葬品。比如在四川成都新都区的宝光寺中，陈列了一对青铜人像跪坐底座的摇钱树——在昏暗的光线中，黑色的人物驮着金银财宝、万千富贵，走向遥不可及的来生，以及子孙万代。这不再是寓意，而是赤裸裸的欲望——遮遮掩掩的欲望，千回百转的欲望。

然而，博物馆里的摇钱树真的很可爱，看着它们，就像看见了人类自身的复杂、善变。摇钱树是艺术，是文物，亦是牵绊我们千百年的欲望的经年流转。

# 金代瓷枕的王国

黑釉孩儿枕

据说瓷枕可养神，虎枕甚至可避邪。金代，人们喜欢在家里放置一尊虎枕。虎枕一般为卧虎形象，仿佛金黄色的老虎匍匐床头，枕面平整，或绘鸟雀，或绘草叶，又或是一只虎下山觅食。思绪烦闷之时，头枕其上，这一夜大概可以安然酣甜；又或是将枕头放在夜夜啼哭的小儿左右，以期避邪。

据说瓷枕可养神,虎枕甚至可避邪。金代,人们喜欢在家里放置一尊虎枕。虎枕一般为卧虎形象,仿佛金黄色的老虎匍匐床头,枕面平整,或绘鸟雀,或绘草叶,又或是一只虎下山觅食。思绪烦闷之时,头枕其上,这一夜大概可以安然酣甜;又或是将枕头放在夜夜啼哭的小儿左右,以期辟邪。

山西出土的金代瓷枕遗存,数量之多,画像之精美,堪称一绝。

对熟悉两宋历史的人来说,金并不陌生,它是中国历史上由女真族建立的政权,共传十帝,享国120年(1115—1234)。女真原为辽臣属,1114年,金太祖完颜旻统一女真诸部后起兵反辽。次年在上京会宁府(今黑龙江省哈尔滨市)建都立国,国号大金,1125年灭辽,两年后再灭北宋。1153年,海陵王完颜亮迁都中都大兴府(今北京),入主中原。金世宗、金章宗统治时期,金的政治文化达到巅峰。

因为朝代并行,金在政治、文艺、手工艺方面对北宋、辽都有一定程度的借鉴和继承。

唐代白居易云:"枕上酬佳句,诗成梦不成。"北宋周密有"唤醒少年湖海意,五更枕上听潮声。"枕头,进入文人诗咏曲赋的世界,不仅仅是出于形与蕴。山西博物院里,展览、收藏了大量精美繁复的金代瓷枕,更以实证立足,古代人对枕头一物,比现代人有更高级、更单纯的审美性和体验感要求,如今人们的想象力和精神美感似乎在衰退,然而连年征战的游牧民族建立的金,在瓷枕上也舍得下细功夫,这究竟是怎么回事?管窥金代的手工艺、文化艺术风貌、文明传承,也算赏心乐事。

多少峰峦多少意,一齐收在枕屏中。

瓷枕创烧于隋朝,距今已有1400多年的历史,唐、宋、元、明、清一直都有烧制,而以两宋和金代最为鼎盛。河津窑是山西宋金时期重要的窑厂之一,现已发现北午芹、古垛、固镇和老窑头四处窑址。2016年对固镇窑址进行考古发掘,发现窑址以金代遗存为主,上八亩出土的金代瓷枕采用剔花填黑及珍珠地划花工艺,枕面装饰呈竹节状,壸门开光,工艺精湛,不仅满足了山西的需要,还利用黄河古渡,远销陕西、甘肃。

宋金时代的瓷枕以绘画为主,精美繁复。山西博物院的瓷枕收藏尤以金代为特色,集中展示这一时期的瓷枕精品,令人慨叹。

花样繁多的瓷枕,有长方形、云头形、六边形、八角形、鸡心形、花瓣形,还有卧女枕、戏婴枕、虎枕等,让人眼花缭乱,拍案叫绝。

卧女枕是一种比较常见的瓷枕。面如满月的女子头侧仰着,眉眼细长,丹凤眼炯炯有神,朝向天空,她上下嘴皮皆丰厚,是北方金人的风情。白瓷黑彩卧女枕形态天真烂漫,她以俯卧之姿自然呈一尊枕头状,背部平整,亦是枕面,枕面上是泼墨绘就的一株植物。女子的身体圆润,兰草与星星点点的花瓣间隔,素雅、清秀。女子的头造得如真人般大小,人若躺上去,就好像在跟这个女子共枕说话一样,倒真有一种亲切感。

金（1115-1234）白瓷黑彩卧女枕（郑州大象陶瓷博物馆藏）

金（1115-1234）白瓷黑花童子持莲枕（吕梁市汉画像石博物馆藏）

与这尊卧女枕造型类似的，还有一款黄釉黑花卧女枕，长45厘米，高20厘米，宽17厘米，是陕西省黄陵县黄帝陵附近出土的。[①]这款枕头的中部，也就是女子身体部分是黄釉上色，显得喜庆欢乐，衣着的装饰是白花黑叶装。人物眼睛更大，眉毛较粗，比较倾向于汉朝的审美。

这两尊卧女枕相似度达到百分之八十。红袖添香被转化成红袖共枕，意蕴相近，美好皆同。

人体造型为枕，还有一例，白瓷黑花童子持莲枕。此造型立体感充分，人物手脚造型更显棱角，面部侧仰，凝望空中，枕面亦是平面花瓣状造型。样式简单流畅，可以称为基本款。

八角形枕也是出佳品比较多的一款瓷枕。

白瓷剔地黑刻狮戏球纹八角形枕、白瓷剔地填黑刻婴戏纹枕、白瓷剔地填黑刻荷花纹枕头、白瓷剔地填黑诗文八角形枕均为这一时期的佳作。在这些瓷枕上的雕刻的孩童，有些失真，身材都是成人模样，不过梳着孩子的发型，尤其是白瓷剔地填黑刻婴戏纹枕，两个孩子互相打屁股玩，天真中略带淫邪。而白瓷剔地填黑诗文八角形枕上有行楷："柴门掩石泉，夏

---

① 山西博物院提供

白瓷剔地填黑荷花纹八角形枕 　　　　　黑地白粉书诗文八角枕（河津窑）
（河津窑） 　　　　　　　　　　　　　　（运城博物馆藏）

白瓷剔地黑刻狮戏球纹八角形枕
（广州南越王博物院藏）

白瓷剔地填黑刻婴纹八角形枕
（郑州大象陶瓷博物馆藏）

日亦闻蝉。冷落花廷竹，馨香草里兰。"这是非常宁静雅和的趣味。

黑白色的瓷枕清雅，但多了不免单调，在色泽工艺上，三彩剔地系列的纹枕便应运而生。三彩瓷枕色彩丰富，绿黄色搭配，种类繁多，十分可爱，装饰性强，似乎更符合老百姓世俗文化的审美。

三彩剔地填黑刻鹿衔草纹枕，底部是墨绿色，右边是一只轻灵的梅花鹿，背部绿色，下腹和颈部闪着金光，带着渐变的光晕，充满了神性。而右边也是黄绿搭配的草叶。所谓三彩是绿、黄、白，但是以绿色为主调，在绿色中又有深浅之分。

三彩剔地填黑刻童子纹枕，枕面是一个胖乎乎的男子在水草中翩然若飞。男子因为面部表情显得十分开怀，憨态可掬，不易区分年龄；因为胖，腰间仅有一黄色围裙，几近全裸。

白釉黑彩虎纹虎枕
(闻喜县博物馆藏)

  三彩剔地填黑刻莲花纹六角形枕,则显得庄重娴静。四周为墨绿色的枕沿,枕面刻一朵静雅的黄蕊白莲花,虽然造型简单,但正好在色泽上对比出来,静则更静,具有中国传统的美学形式。这种形式也是大多数普通百姓家里常见的花好月圆的审美。和这种风格类似的是三彩划花水波游鱼纹枕,画面简单,墨绿色的江海中,一条白鱼在枕面正中嬉戏。

  枕头安神,自然少不了庇护神。比如老虎就常常出现在瓷枕造型中。

  金代虎枕是山西长治一带窑厂的名品,装饰题材丰富,艺术手法高超,独步当时。

  白釉黑彩虎纹虎枕,高 11 厘米,长 35.5 厘米,宽 14 厘米。[②]一具白面黑纹老虎匍匐在地,貌似十分听话。老虎背面是枕面,上有一幅猛虎捕食图。可以说是虎中有虎,双虎坐镇,一大一小,相映成趣。从美术角度

---

② 山西博物院提供

白瓷珍珠地划花折枝花纹腰圆枕(乾隆御题诗、故宫博物馆藏)

来看,虚实相生,温顺的老虎作为床伴,枕面之虎,才是真正之虎,具备双重审美体验。古人认为老虎有安神辟邪之功。宋代邵雍纂辑的东晋葛洪《梦林玄解》中有云:"虎枕安神辟梦","霍幢真人秘授虎枕法,能令神魂宁守,妖梦不见,延年养荣,升仙诞道之要也"。而金代的瓷枕,显然是继承了宋代美学。

长治窑的虎枕绘画多样,虎面有朱砂色、浅黄色,各个不一,枕面亦有孔雀独步、蝴蝶翩翩、喜鹊张望等图样,十分喜庆。上海博物馆也收藏了一款金代的长治窑雀鸟纹虎枕,枕底墨书"大定二年六月廿二日张家"。虎目向外突出,真正的白齿红唇,枕面白底近景黑鸟回首,又有二鸟在天空翱翔。宁静致远的枕面,凶神恶煞的虎形枕身,真正表达了金人希求安宁的美好心愿。

金代的腰圆枕也是不可忽略的一种形态:枕呈腰圆形,枕面下凹,前低后高。灰白色胎,质地稍粗。釉色白中泛灰。枕面剔刻草叶纹,枕壁剔刻卷草纹。从制作工艺看,系先在胎上施一层化妆土,勾勒出花纹轮廓,

绿釉剔地填黑刻婴戏纹腰圆枕（郑州大象陶瓷博物馆藏）

然后在花纹内划出叶筋，最后剔去花纹以外的地子，形成白地浅褐色花纹。

比金代稍早一点的，是辽国时期的黑釉孩儿枕。枕面呈圆弧状，和孩子一般大小。通体纯黑，但光泽均匀，更具美感。这一瓷枕依然是在山西出土的。

在这些瓷枕中，孩童游戏的图案颇多，比如绿釉剔地填黑刻婴戏纹腰圆枕，图案更为复杂。一个全身赤裸胖乎乎的半大孩子，在如波浪的草卉中奔走，神情自得，天地中仿佛就他一个无拘无束，两只鸳鸯前后相伴，十分欢乐。这大概也是人们对自由最原始的表达：人之初，自坦荡。

经历宋辽金时期的战乱，民不聊生，乱世之下，如何安生？尤其是手工艺讲究的是慢工出细活，为何金代的瓷枕还如此精美华丽，造就了瓷枕巅峰？

山西陶瓷是有历史的。早在北朝，公元398年，北魏道武帝迁都至平城（今大同），山西的中心地位开始凸显。在此历史背景下，北朝的釉陶工艺处于引领水平，对后世的唐三彩影响很大。北齐的釉陶是当时釉陶工艺里的最高点，代表了全国最高水平。

而金国在战后，大行政治经济的复苏，手工业生产如陶瓷、矿冶、铸造、造纸、印刷等都有不同程度的发展。而陶瓷业因为有辽、宋的基础，也比较发达。金熙宗时，原来的北方名窑如陕西耀州窑、河南钧窑、河北定窑与磁州窑也陆续恢复生产，临汝等新兴窑址，工艺也各具特色。

在宋辽金时期，山西大同的黑釉剔花夺人眼球，粗犷豪放的艺术风格和美感，让其他地方诸多窑场望尘莫及。北宋介休窑创烧的白地黑花，引发了金代晋、冀、豫地区此类装饰的大流行。河津窑的剔花及书法的沉静典雅，在北方地区独领风骚，这是文人参与瓷业创造所达到的高度。

三十年河东三十年河西，南宋、蒙古联合灭金，1234年亡国之际，金哀宗自杀，金朝覆亡。然而金代的瓷枕艺术，在匠人手中一辈辈流传，到元明清代各有继承和发展。

在一款金代遗存的白瓷珍珠地划花折枝花纹瓷枕上，还有乾隆御诗相题。这尊腰圆枕现藏于故宫博物院，长33.5厘米、宽30厘米、高12.5厘米。[3] 枕面上二分之一是莲花及莲叶，下二分之一是御诗，上书"瓷中定州犹椎轮，丹青弗借传色粉。懿兹芳枕质朴淳，蛤粉为釉铺以匀。铅气火气净且沦，粹然古貌如道人。通灵一穴堪眠云，信能忘忧能怡神。至人无梦方宜陈，小哉邯郸漫云云。乾隆戊子仲夏月上浣御题"。可见乾隆皇帝得到这尊金代瓷枕后喜爱至极。不过在这首诗中，乾隆犯了个错误，误认为这瓷枕是河北定窑白瓷，后经考古论证，这件瓷枕出自山西河津窑，自然也摆放在河津窑的展台上。

其实，这不过是"陶冶三晋——山西古代陶瓷特展"中的一个很小的分支。从1919年建院至今，山西博物院已走过百年。瓷枕，在古代山西陶

---

[3] 《陶冶三晋——山西古代陶瓷特展》 提供数据

瓷的厚土上，结出了奇花异果。这些瓷枕以考古发现为基础，整合了山西博物院、山西运城博物馆、故宫博物院、陕西历史博物馆、郑州大象博物馆、广州南越王博物院的藏品。

瓷枕按照属性分为生活用品类和随葬品类。不过，在肃然的博物馆里，已很难辨别谁是生者用物，谁是冥界之器。

# 永川黄粱一梦

青花牡丹纹蝴蝶形瓷枕

陶枕冰凉、硬朗、花样繁复、中空透气。枕面上青花弹绘，或是有婴孩、龙凤图案为装饰，更是赏心悦目。陶枕带着陶瓷的温润，既可以垫头，也可以枕脉。在夏季其实一坐作为清凉佳品出现。

陶瓷枕冰凉、硬朗，花样繁复，中空透气。枕面上青花缠绕，或是有婴孩、龙凤图案为装饰，更是赏心悦目。陶瓷枕带着陶瓷的温润，既可以枕头，也可以枕脉，在夏季甚至一度作为清凉佳品出现。

清代的乾隆皇帝曾有诗赞："瓷枕通灵气，全胜玳与珊。眠云浑不觉，梦蝶更应安。"诗中的瓷枕就是我们在博物馆中常见的陶瓷枕。

中国历史上出现的陶瓷枕很多，隋唐肇始，那时制作的主要为陶枕，运用包含了二彩、蓝彩等广义上的唐三彩以及绞胎这种纯熟的技法制作。不过能够确认的陶枕发现地并不多，比如西安郊外的独孤思贞墓、江苏扬州的唐朝古城池遗迹等。可见那时的陶枕还是小范围的皇室贵族"专供"。

到了宋代，陶瓷枕一下子就得到了蓬勃发展，尤其是民间推动甚是着力。而金代生产的陶瓷枕更是数量庞大，花样百出。山西出土的金代文物中，有上百件陶瓷枕被确认。这些陶瓷枕大部分是明器，即陪葬品，也有小部分供生者使用，即放在卧榻之上，取其冬暖夏凉之意，或辟邪为用。

北俗南移，东风西渐。

在重庆一带，也有出土的陶瓷枕，如璧山、永川等地,但都不成规模,而且年代靠后,大多是明清时期制品。但值得一提的是,重庆市永川区的几款色彩鲜艳、造型各异的陶枕,却耐人寻味——枕头中间凹处都呈铜钱状,或者是外圆内方,或者是外圆内圆,镂空设计。以钱币作为主题的永川陶枕,倒真正是黄粱一梦的"代言人"了。

永川,东距重庆55千米,西距四川成都276千米。因城区三河汇碧、形如篆文"永"字而得名,唐朝公元776年置县,宋朝属于昌州古城的一部分。长江水滔滔相伴,码头喧闹,走卒贩夫不绝,古往今来都是属于交通要津,商贸繁盛之地。

在1987—1988年发现并确认的永川汉东城遗址,就发现了大量唐宋时期的陶瓷片、部分汉代陶片,少量新石器时期和上周时期陶片。[①]唐宋的光泽从泥土中被唤醒,永川博物馆里闪烁着这些永恒的辉煌。永川不乏陶瓷珍品,唐宋以来的龙泉窑、湖田窑、景德镇、西坝窑、涂山窑等陶瓷都有出土记录,尽管如此,这些明清陶枕依然让人眼前一亮。

比如馆藏的一款明代的三彩蝴蝶形陶枕。全枕以黄釉和绿釉上色,层次分明,边缘晕染色彩,造型为蝴蝶展翅。其双层蝶扇,取意于庄周梦蝶,又十分有动感。陶枕中间是外圆内方的钱孔,正好有一颗头颅大小。此物让睡眠既有超凡脱俗之趣,又有现实主义的笃定。我看后不觉莞尔:古人也贪心呐,真正是啥都不耽误。

而另一款明代的三彩陶枕略有不同。枕头左右两沿上翘约45度,中间凹下,凹下处是外圆内方的铜钱。整体上绿釉,两头凸起的枕沿状有圆形镂空的设计,正好和钱币的镂空设计相呼应。这款陶枕,远看还有点金元宝的形态,只是比较隐晦罢了。枕着铜钱元宝而眠,偷懒得直率、坦荡:梦中自有黄金屋,何必苦读五更书?这大概比"书中自有黄金屋"来得更为痴人说梦。

---

[①] 重庆文物考古所研究院提供

明代三彩蝴蝶形陶枕（永川博物馆藏）

清代也是崇尚陶枕的时代，不然乾隆皇帝也不会诗兴大发，爱不释手了。永川博物馆有三款青花款式的清代陶瓷枕，显得雅中带贵。

青花牡丹纹蝴蝶形瓷枕，长44厘米，宽24.5厘米，高13.5厘米。[②]枕头分为两层，整个造型为蝴蝶展翅状，中间头托是一个外圆内方的铜钱，圆形铜钱边缘外还有花瓣纹装饰，所以再看一眼，不觉又有一枚铜钱花。可谓画中有画，画外有画。而枕头边缘是青花牡丹花纹装饰。富贵的象征元素都有了，然而青花一登台，又增添了几分雅致，消解掉部分俗气。

另一款青花缠枝牡丹钱纹瓷枕则设计得较为繁复。这款花色也是常见的"蝶恋花、花缠枝"图案，枝枝蔓蔓眼花缭乱。枕头整体设计为梯形，不过中间凹进去，呈"凹"字状。凹槽中几乎是镂空的，一沉到底，造型为外圆内方的钱币。枕面上，蝴蝶、牡丹花交错而生，繁复有加却趣味横生，特别是蝴蝶的大眼睛，眼波流转，增添了此款瓷枕的趣味。

青花善于极繁，也善于极简。这种善变之美，大概也是世人喜爱青花的原因之一。

---

② 永川博物馆提供

*绿釉瓷枕*

第三款清代绿釉瓷枕,中间的头托处为黄釉色的钱孔状,钱孔外是牡丹花的小卷边,两翼和护颈则为绿釉,中间叶片的经脉用黄釉勾勒。造型虽然简单,但主题明确,钱孔托头。

博物馆工作人员介绍,这些陶瓷枕是在永川民间征集而来的,有的形制相同的,如成对出现的,就只展出了一个。库房里还有一些样式相同的。

将陶瓷枕制成蝴蝶或花瓣状,均为两层,颜色鲜艳,绿釉、黄釉叠加,好看是好看,但实用性不强。如果不小心睡落枕了,蝴蝶翅膀也会断掉,而且三彩烧制后铅含量过高,若生者长期使用,对人体是有害的。如此推断,这些陶瓷枕应当是明器,也就是死者的陪葬品。

相较于北方金朝那些五花八门、戏婴弄虎的陶瓷枕,永川陶瓷枕主题虽显单一但更为明确,那就是财富。人为财忙,然而富贵在天,由不得你。"蝴蝶飞、铜钱睡",意蕴绵绵的永川陶瓷枕,也是对往生者的美好祝愿——有这样的枕头相伴,来生必定富贵。

俗语挖苦人时"看他那铜臭味"的喁喁私语,想来也是偏颇的。看看,铜钱在此处并不臭,还和庄周梦蝶携手并进,自然是芳香和美满。这像花朵一样的铜钱,托着古人的头颅,走在希望的田野上。

这诚实的欲望,多么坦荡。

# 富贵且如猪油白

日常器

"猪油白"其实是德化瓷的一种。德化瓷是古代著名民窑之一，以烧白瓷著称。窑址在今福建省德化县，至今不衰。德化瓷宋元时已烧制青白瓷，明代主烧白瓷，其制品以人物塑像最为突出，比如如来、观音、弥勒、文殊、菩提达摩、布袋和尚、文昌帝君、鸿渐真神（王地公）、寿星、关公、罗汉以及其他各种宗教人物造像。此外还有杯、壶、盒、瓶等多种器皿，均名传于世。

>>>

朋友去了一趟福建，淘了不少好好茶盏，问我要不要"猪油白"的盖碗茶具，并千叮万嘱，说市面上的"猪油白"都很贵，少则几千，多则上万。有新生代名不见经传的手艺人，袭得手法，几百元便可以拿到上好的货色。

言之凿凿，听来委实动人。

"猪油白"，这个名字听上去俗不可耐，甚至还有些油腻，外行人也许嘀咕，这样的名字怎么可以和茶具这种清高雅玩放在一起，殊不知这门工艺代代流传。

"猪油白"其实是德化窑的一种，德化窑是古代著名民窑之一，以烧白瓷著称，窑址在今福建省德化县，至今不衰。德化窑宋元时已烧制青白瓷，明代主烧白瓷。其制品以人物塑像最为突出，比如如来、观音、弥勒、文殊、菩提达摩、布袋和尚、文昌帝君、福德正神（土地公）、寿星、关公、童俑以及其他各种瓷塑人物造像。此外还有炉、尊、壶、乐器等器型，均名传于世。其中"猪油白"梅花杯、龙虎杯、犀牛杯等大量销往法国、英国等欧洲国家。

宋元时期，德化窑白瓷就成为"海上丝绸之路"的重要出口商品。明代德化窑白瓷更是别具一格，所产白瓷有"象牙白""猪油白"之雅称，在西方更享有"中国白"之美誉。

"猪油白"是民间的俗称，称赞这陶瓷色气如新熬好的猪油。釉面光润明亮，乳白如脂，胎釉浑然一体，在光照下釉隐现芽黄色。明代产品以瓷雕和供器最负盛名。人物雕像体态匀称，神情自若，面部刻画细腻，衣纹深而洗练，有随风飘动之势，在明代瓷坛独树一帜。这类作品往往印有名匠何朝宗、张寿山、林朝景等人的印记，被誉为"天下共宝"。

重庆中国三峡博物馆中现藏了两件"猪油白"，这大概也是经过层层筛选而保存下来的。

一款是德化窑白瓷观音坐像，非常俊美。观音一腿单膝跪地，一腿蹲立，左手握着卷轴，搭在右手上，交义放置于蹲立的右腿。衣袍翩然，裙边飘逸，线条简净，只是指甲略长，超过了一般的观音造像。也许这长指甲是故意为之，是要借此展现"猪油白"的美妍，正好指甲上可大做文章，晶莹剔透，质感无与伦比，仿如光在指尖跳跃。这细节之美，烘托了整个人物，风姿绰约。而观音的面部简洁温润，胸前的璎珞粒粒饱满，光线无论从哪个方位来，都能让人感受到此造像恬静淡雅的气质，这种气质全因光芒得当而成，光芒也是因陶瓷烧制过程中的考究，使得技术和艺术融会完美才得以产生。

值得一提的是，这尊观音的耳朵特别长，耳垂与下巴齐平。尽管如此，却不显得突兀，正好和简洁的发型相映成趣，倒也有些别致的美感。

明代珍品，有一个可供稽查的地方，就是"猪油白"造像的脸面。明代早期的釉面白中泛红，犹如东方少女的脸庞；明代中期釉面，白中泛牙黄，犹如成年象之利牙。

另一款便是何朝宗制观音像。这一款明代造像，高 19.1 厘米，是重庆中国三峡博物馆的"十大镇馆之宝"之一。[1]

---

[1] 重庆中国三峡博物馆提供

何朝宗制德化窑白瓷观音坐像　　　　　日常器
（重庆中国三峡博物馆镇馆之宝）

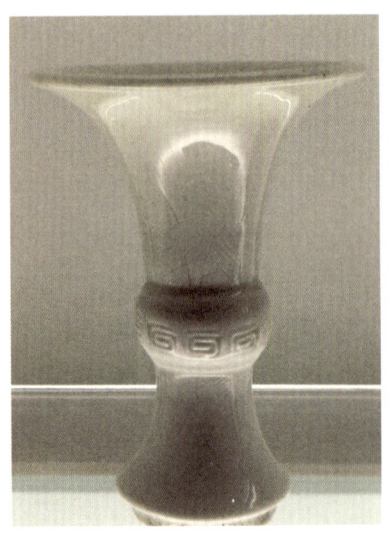

　　何朝宗是明代德化窑瓷雕大师，他着意追求瓷的质地美与雕塑美。观音脸型饱满大方，双目微闭，右手抚膝趺坐，左手执如意，胸部饰璎珞。脊背处有"何朝宗"葫芦印纹。立像通体施象牙白釉，釉面温润如凝脂，雕塑手法细腻，线条流畅，衣纹似有随风飘拂之感。器物造型厚实丰满，装饰部分讲究民间艺术的粗犷手法，堆贴、手拉坯、捏塑等部位的接口处过渡流畅。胎体细腻，胎质坚硬，这是德化窑明代中低温材料配方所独有的瓷质特征。

何朝宗当年制作的"猪油白"观音像，大概量多，且保存得较好，至今还在不少省级乃至海外的博物馆有收藏，甚至一些拍卖行里，也能看到何朝宗德化瓷的身影。

天津博物馆收藏了一款德化窑何朝宗白釉观音，头饰简洁，发髻如磐石且圆润，发丝纤毫毕现，且凝练，又眉目低垂，鼻如悬胆；整个头型的后部，发痕可辨，造型均匀、细腻、干净，似猪油拔丝。人物头部略向前倾，双腿交叉盘坐，两只脚丫从裙裾中露出，显得十分诙谐可亲；搁在石砖上的一只手，秀气、纤细，有我见犹怜之感。这尊观音造像，素雅之中透出柔美，叠加的衣袖充满灵动之韵。在人物的后背上刻有何朝宗的印记，是一枚葫芦章。

而山西博物院则收藏了一件德化窑何朝宗白釉达摩像。这款造像比较繁复，主要体现在底座。底座是像祥云又像假山石的一款造型，有多处孔穴，这和大多数"猪油白"简洁的形态不同。而底座之上，交错的双腿、双手处，更多地强化了褶皱之美、动感之美。这种褶皱的繁复，体现了"猪油白"的特性，温润且经得起折腾，折腾后的温润更提升了美感。所以，虽然达摩像自露一种"狠劲"，但这种繁复的美又适当地调和了"狠"，整体造型依然充满温润之感，供奉在上，流溢着"我佛慈悲"的高情。

说到何朝宗出手制作的繁复造像，湖州市博物馆也收藏了一款鱼篮观音像。手提鱼篮的观音站在波浪中，波浪之纹路清晰可见，张弛有法，观音双肩上、衣袍下摆均有仙雾环绕，这仙雾被捏成几股，或单独呈现，或交错横穿，像音乐被冰冻了一般，白瓷的美与制作者的才可见一斑。

何朝宗制式的"猪油白"精而美哉，何朝宗也被后世封为"明代瓷圣"。随着时光流逝，其作品越发显得精湛而珍贵。2017 年，在香港佳士得秋季拍卖会上，何朝宗创作的德化窑白釉渡海观音以 1600 万港元落槌，含佣金的成交价 1930 万港元，折合人民币约 1633 万元，创下迄今为止德化白瓷拍卖的世界纪录。这款高价观音像高51.5厘米，在明代德化瓷塑中属烧制难度较高的作品。观音像头发盘髻，戴风帽披肩长巾；眼微合，樱桃小口，胸前横贯一串莲花珠饰；右部衣纹简明丰满，左侧折叠密集流畅。观音造像露出一足，踏立于净瓶之上，莲花环绕着净瓶，似惊涛骇浪，永不停歇，几股水流缠绕在一起，似飞跃若回归。这圆球形的海浪，细看又如莲花盛开，可见创作者用意极深。

德化窑之美，创造了中国陶瓷的奇迹，英、美、法、德等欧美国家的许多博物馆都有收藏，有些博物馆还收藏颇丰，例如英国大英博物馆藏有德化瓷器两千多件，且多有顶级藏品。在日本，德化瓷箫现在正在箱根神社作为"国宝"保存。珠玉在外，美耀千秋。海外博物馆里的"猪油白"，也让人咋舌。

比如美国大都会艺术博物馆有一尊明代德化窑白瓷达摩坐像，双腿盘坐圆石之上，手足均藏在衣服裤子中，眼合闭，面深思，衣服褶皱开合有度，整个造型简洁、圆润，体现着极简之美。而新加坡亚洲文明博物馆则收藏了两款清代年间的德化窑母子造型塑像，相映成趣。一款是以西方圣母子为题材的，圣母怀抱圣子，圣子手上有念珠和十字形徽章。只是这圣母形象清瘦，不似常见的西方艺术家创作的丰满型圣母形象，可以想见这是外贸所需的应景之作。另一款母子造像则是以中国的送子观音为题材。观音坐在狮子身上，膝盖上坐一小孩。观音的头发、面容简练，没用过多的线条刻画，尽可能地展现"猪油白"质地的清润，以还原观音以及孩子的"质本洁来还洁去"的肌肤美感，以及深层寓意。反倒是狮子的面部和身体多了诸多线条、纹路。狮子的面容倒也可爱、憨实、敦厚，一繁一简的衬托，让这尊造像生动了起来。

虽然"猪油白"的观音等宗教造像人物不少，但实际上德化窑也有不少日常用具、文玩等精品。如四川博物院收藏了一件清代德化窑白釉饕餮

清代德化窑圣母子像

清代德化窑文昌坐像

纹瓷炉。这件焚香炉高10.8厘米，口径14.4厘米，足径11.3厘米[②]，白瓷胎，白釉略泛红，釉汁细腻匀净，胎体厚薄适度，炉体两侧有对称双兽耳，炉腹主体为饕餮纹，外圈足为变体鸟纹，炉口沿外翻，圈足较深，通体有牛毛纹，整体看上去朴素淡雅。

时光荏苒，"猪油白"的工艺由盛及衰，晚清福州学者郭柏苍《闽产录异》称："德化窑皆白瓷器，出德化县。顺治以前，老窑所制佛像、尊、罍、瓶、盘、盏皆精臻古雅，其色洁白中现出红色，至今价翔矣。然佛像不及荷台瓶，盘不及南北定，近胎地厚而粗，釉水莹而薄，渐不足贵。"

晚清学者尚且发出这样的感叹，今人想要超越恐怕也比较难。不过要"王谢堂前燕"飞入寻常百姓家，多少会有些改良。

古物虽不易得，好在如今又在回归，作为"光复传统"之举，民间艺人正在让新式"猪油白"的柔美与精致走向大众。现代制品虽然不能和古物相提并论，但是让当下的人能够体验到"猪油白"的美妙，也不啻为一件好事。关于其价值，见仁见智，姑且是"向古典致敬"吧。

"猪油白"是德化窑中的上品，其釉面温润似有弱光，尤其在造像的手指、衣纹、珠粒、牙齿等地方，尽显晶莹剔透，此为绝艺。古代德化白瓷或青花瓷，不管其厚薄，迎光而透。透光者，上品；如不透光，就是赝品。这是判定真伪德化瓷器的一项重要依据。

如今的"猪油白"主要以适应市场需要的造型为主，除了外销订货的产品，大部分是民间百姓常用的日常器具，如碗、盘、盆、杯、碟、壶、炉、盒、洗、盏等。

所以，在朋友拿来"猪油白"盖碗茶杯时，也有茶友顺势将茶杯倒扣过来，打开手机上的"手电筒"，顷刻，杯中盈光，哗然四射，光芒弥漫

---

[②] 四川博物院提供

开来。

"关灯！"有人招呼。

"好——真好。"茶友细细抚摸杯壁，他的神情十分虔诚，仿佛这匀净的光，让一屋子的生命都得到了温润滋养。

第三章

# 受欢迎的石头

# 山花碑：美到极处是虚无

山花碑

"山侵河处河镜颓，河侵山处山岭绕"，一米二高的山花碑，阴文，华丽中浸润伤怀，云南大理苍山洱海的美与哀，在全碑楷书中显得正式而澎湃不绝。山花碑材质为大理石，藏于大理市博物馆碑林，号称白族第一碑。

"山侵河处河镜倾，河侵山处山岭绕"，一米二高的山花碑，阴文，华丽中浸润伤情。云南大理苍山洱海的美与哀，在全碑楷书中显得正式而汹涌不绝。山花碑材质为大理石，藏于大理市博物馆碑林，号称白族第一碑。

碑刻，镌刻在石头中的字词，没有一个字是白写的。一个"侵"字，让人思量其深意。

翻开历史卷宗，确实有深意。这与元末明初各方的政治、军事势力有关。

朱元璋虽然击败了大多数元朝残余势力，在南京称帝，建立明朝，改元洪武元年，但云南一带在明初并未纳入明朝版图。天高皇帝远，何况是开国皇帝，人家地方势力强大，不买账也很正常。

不过云南一带占地为王，并不是孤立的，而是一种政治联盟。那时，地处西南一隅的云南一带依然处于元梁王的据守控制之下，臣属蒙古北元政权，那梁王凭借边疆山高皇帝远和苦心经营云南百年的根基实力，坐自贵大。当时云南的主要势力，有北元政权梁王把匝剌瓦尔密和大理国王后裔——土酋段氏总管段明。梁王以昆明为统治中心，大理段氏控制着滇西一带，二者都听从北元号令。

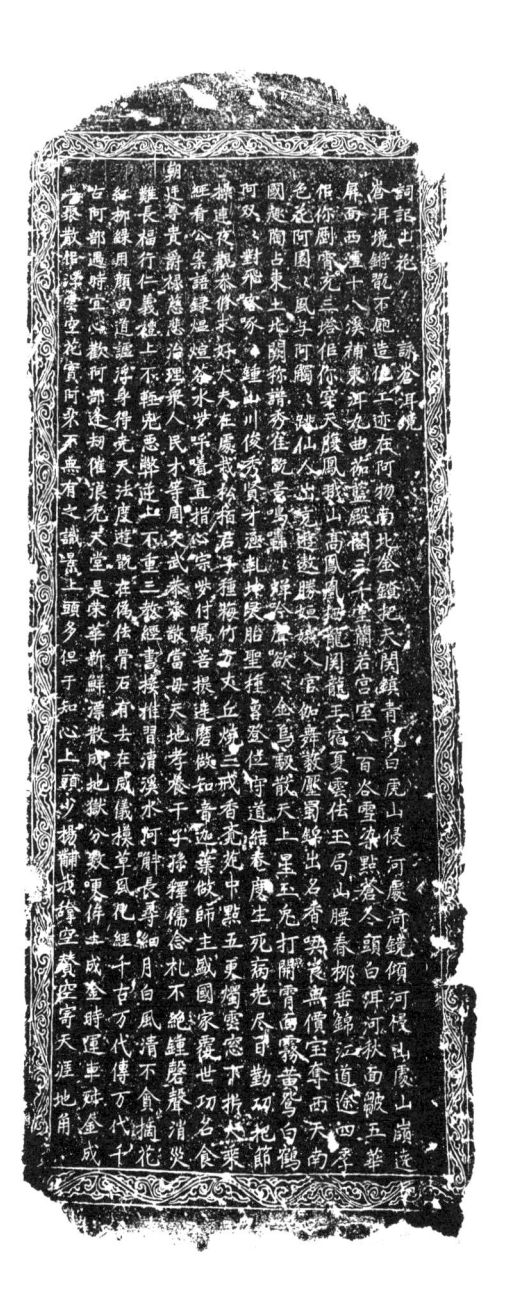

明代山花碑拓片
（大理市博物馆藏）

这让朱元璋如鲠在喉。

"云南僻远,不宜烦兵。"明朝初期,朱元璋以招安为策。先后七次派出使臣前往滇地招降梁王,力争以和平方式解决云南问题。梁王一口回绝,并几次杀害明朝使臣。朱元璋颜面尽失,也得咽下这口气。

直至国力休养生息了十余年,洪武十四年(1381),朱元璋决定以武力征讨:"云南自昔为西南夷,至汉置吏,臣属中国,今元之遗孽把匝剌瓦尔密等自恃险远,桀骜梗化,遣使招谕,辄为所害,负罪隐慝,在所必讨!"

在云南曲靖的白石江战役中,血流成河,明朝军队所向披靡,后直逼昆明,将梁王的政权一锅端。之后明军继续南下,到达大理。洪武十五年(1382)闰二月,明军攻克大理,第十二世段氏总管段明束手就擒。

半年之后,云南尽归明朝。为开发西南,巩固边防,明太祖下令,在云南省府昆明建立云南都指挥使司和云南布政使司,管理云南军政事务,着手处理接收云南事宜——奉旨将蒙古梁王集团成员、梁王家眷、蒙古上层官员和大理段氏贵族头领全部押解京师,交由朝廷处置;清扫元朝残余势力和大理地方势力,就地遣散并安置数十万蒙古俘虏士兵;建立明朝新的政权机构;于军事要冲地区设置卫所,屯兵戍守。洪武十七年(1384)三月,傅友德、蓝玉率部分征南大军班师回朝,留下沐英继续镇守云南。

成为大明王朝的一部分后,白族人自然要服从王朝的管理。在这一文化共融的时期,泱泱汉文化正在大肆拥抱、改变白族的文字、文学创作、文化理念,甚至官场条例。

最敏感的当是白族的文人。

山花碑就是这个时期的产物,碑上共有10首山花体诗歌,排列整齐,看上去也十分利于朗诵。不过初读山花碑,大的美感很快被细读的艰涩所替代,有些词句简直是不通,后来才发现这是借用汉字的音和义来写白语、读白音、解白义。白族没有自己独立的文字。碑上刻的,就是这样的古白文。比如:"长寻细月白风清,不贪摘花红柳绿。用颜回道谑浮生,得尧天法度。"这还算是比较好理解的,是说月白风清之日,不要贪爱繁花之美,用颜回的生存之道来理解虚浮的人生,就能得到像帝尧一样的盛世景象。

而有的句子能在汉语俗语中找到对应,但是个别的字词,却查找不到。比如:"分数哽侼圡成金,时运车舛金成土,聚散侣浮云空花,实阿荣不无。"这句话的意思,在《金瓶梅》《三言二拍》《红楼梦》等古典小说中都有提及,其表述是:时运来时土成金,时运走时金成土,悲欢离合一杯酒,聚散成败转头空。

白族与汉族在文字上的姻缘,在山花碑上表达得其实比较甜蜜。这无形中促进了我们对白族的了解。诗句中隐晦的抗争、无力的挣扎,也在唤起相似的历史记忆。比如历史上刘邦、项羽争雄,霸王别姬,痛与虚无,大致无差。

苍山洱海是大理白族人的家园,苍山景色向来以雪、云、泉著称。经夏不消的苍山雪,使得苍山无论是阳春三月,还是萧瑟冬季,都显得娴静安然,冰清玉洁。洱海,在古代文献中曾称为叶榆泽、昆弥川、西洱河、西二河等,位于云南大理郊区,为云南省第二大淡水湖,因为湖的形状酷似人耳,故名洱海。

山河美景,万般美好。而碑文后部分却是人生虚无不可把握之叹,"天堂是荣华新鲜,飘散成地狱"。

先扬后抑的歌调,是一个人看尽繁华背后的虚无与悲凉,这种声调,在清代《桃花扇》中,是同样的迷离。"眼看他起朱楼,眼看他宴宾客,眼看他楼塌了。这青苔碧瓦堆,俺曾睡过风流觉,把五十年兴亡看饱。"在《红楼梦》中,哀凉更是一阵阵入髓,叹富贵命运、王孙权贵,最后皆"落了片白茫茫大地真干净"。

山花碑碑文的作者,刻写在碑末的诗句中,名叫杨黼,生于明代,大理下阳溪人,其先辈是大理国和元代的名士望族,《明史·隐逸传》中有传。杨黼幼时读书万卷,但一直生活在民间,有不少著述,山花碑是他用白族民族传统的诗歌形式所写成的描绘洱海风光的山水诗之一。明代著名白族文人李元阳还专门为其写过《存诚道人杨黼传》。

但要真正读懂这些诗,还需要读一读山花碑另面刻写的《圣元西山记》。这其实是碑石的正面。它披露了杨黼的身世:远祖杨连在大理国时"为王左右",祖父杨智系元代云南平章政事、大理路总管段功家臣员外,曾授元帅。后段功被梁王所害,杨智闻说亦赴死。其父杨保也是段氏元帅,明洪武十五年(1382)傅友德率军平滇时,自缢殉国。家族的不幸、江山易主的兴亡之叹,百感交集,集于一文。

美则美矣,然人事无常,唯花叶青草,代谢不辍,苍山永恒,洱海维新。渺小的命运和无穷的山川互为注释。

# 涪陵水下之春

黄庭坚题字[北宋元符三年（1100）刻]

世界上目前唯一的一座水下碑林博物馆建在重庆涪陵小城，即白鹤梁水下博物馆。它是因白鹤梁水下碑林而建造。这是一块长约1600米、宽约15米的天然巨型石梁，仅在春冬枯水时露出水面。石梁中间雕刻有一双石鱼，每当水平面正好在鱼眼睛时，人们发现第二年便会是丰收之年。"双鱼兆丰年"一说越传越奇。

怎样在大江大海中寻找坐标？有时可能是通过海水里的石脊、崖壁。虽然水里的石头并不是完全稳定的——石头会被江水淹没，时隐时现，但远古时期的人们发现，有些石头的出现是有规律的，于是便在石头上画了一条线，这条线，改变了人类文明的进程。这就是水文线。

公元前3000年，埃及人就开始了水文观测。一块记录尼罗河水位的石碑碎片（公元前3500年—前3000年）是目前发现的年代最早的世界性水文观测记录，现藏于意大利西西里岛的巴勒莫博物馆。在今天埃及的菲莱、艾德芙等地的神庙，还遗留有古代的水位测量标尺，它被称为"尼罗河水尺"。尼罗河水尺分为三种，一种是把水位标刻在河流的岸壁上，第二种是利用伸入河中的阶梯作为标识水位的标记，第三种是通过导管把尼罗河水引入竖井或水槽中，水位标记则刻画在井壁或水槽中央的立柱上。

其实，除了埃及，古巴比伦、中国等古国都是世界上较早进行水文观测的国家。

世界上目前唯一的一座水下碑林博物馆建在重庆涪陵小城，即白鹤梁水下博物馆。它是因白鹤梁水下碑林而建造。这是一块长约1600米、宽约16米的天然巨型石梁，

水下空间（上面可见刻题诗）

水下空间的石头上刻有鱼

清代高浮雕石鱼

（以上均藏于白鹤梁水下博物馆）

仅在春冬枯水时露出水面，石梁中间雕刻有一双石鱼①，每当水平面正好在鱼眼睛时，人们就会发现第二年便会是丰收之年。"双鱼兆丰年"一说越传越奇。

这鱼如此神奇，历来文人骚客不吝华美想象，赋予其神妙之功。宋代乐史所著的《太平寰宇记》卷一二〇中载："开宝四年（971）……江心有石鱼见……部民相传丰稔之兆。"宋代王象之所著的《舆地纪胜》卷一七四写有："在涪陵县下江心，有双鱼刻石上，每一鱼三十六鳞，一衔蓂草，一衔莲花，有石秤、石斗在旁，三五年或十年方一出，出必丰年，唐大顺元年（890）镌古今诗甚多。刘忠顺有诗，见在石上。"明代的《明一统志》《蜀中名胜记》，清代的《全蜀金石志》《重修涪州志》《八琼室金石补正》等，对白鹤梁石鱼都有或多或少的记录。

白鹤梁这一奇妙景观，自唐以来，慕名前往的人不少，撰词赠赋盛行不已，慕古、访古、踏春、谈情……文人墨客相约游玩，江水拍打石梁，天地沙鸥渐起，好不快活。喝酒、谈天、会友、唱和，"到此一游"式的题刻，也以各种形式出现在白鹤梁上。

中国素有刻石之风，从秦汉之时便初见其形，此后历朝历代盛行不衰。隋唐以后，尤其是宋代，随着文人文化的兴起，事无巨细地在石头上刻字成为潮流。在白鹤梁上，朱昂、刘甲、黄寿、王士禛等的题刻均有出现，而名气最大的，当数一代诗人、词人、书法家黄庭坚。

黄庭坚被贬官黔州（今重庆彭水），其间曾到涪陵，也在白鹤梁上留下了墨宝。"元符庚辰涪翁来"，这一墨迹至今被传为"谜一样的作品"。黄庭坚自称为涪翁，可见对涪陵是有深深的感情，没把自己当外人，不过黄庭坚在写"来"字时，写成了上下两部分——去不。写这句话时，他的贬官

---

① 重庆市文物考古研究院提供

清代题刻白鹤梁（孙海题刻）

阿弥图土萨塔（少数民族文字题刻）意译为"生命的意义在于荣誉"

之途已然结束，要离开重庆，在白鹤梁上吹着江风，怅望长江，百感交集。这究竟是来，还是不去？黄庭坚的真实想法被湮没在时空长河中，后人多种解释，无非是给白鹤梁又增加了一段佳话。

揭开浪漫的面纱，这其实是科学世界里的鱼。

白鹤梁题刻在重庆涪陵区城北的长江江心，石梁上刻有自唐代广德元年（763）至1963年间长江涪陵段1200余年间的枯水水文。

其实，目前在长江三峡库区留存的水文石刻有近200处，其中洪水石刻174处，枯水石刻6处。如此丰富的数量，在世界上是罕见的。特别是其中的枯水石刻，体现了先民对江水观测的多样性。

比如重庆江津小城的莲花石，位于重庆市江津区几江镇东的长江航道中，石头上刻有南宋乾道中期至民国二十六年（1937）的水文题刻38段，记录了近800年的长江枯水水文情况。莲花石上一首《龙德新题诗》，经考证是清代道光癸未年（1823）所作。在重庆巴南区则有一块迎春石，位于巴南区麻柳嘴镇长江主航道南侧礁石岛上，石头上有宋、明、清等题刻十余段。而重庆江北区蒋祠沱，露一块耗儿石，因状如老鼠而得名，上有题刻内容："大蜀明德三年（936）岁次丙申二月上旬，此年丰稔倍常，四界安怡，略记之。水去此一丈。"

在长江三峡的水文石刻群中，唯独白鹤梁题刻最为璀璨。在它现存的165段枯水题刻中，涉及水位观察的有108段，为长江航道运输以及现代水利工程的修建提供了参考，具有很高的科学价值。[②] 白鹤梁也因此被称为"长江古代水文资料的宝库"、中国"千年水文站"。

白鹤梁上唐人所见的石鱼，是古代涪陵人用以观测长江枯水水位的独特标尺。每当江水枯落，石鱼出水后，人们便通过观察鱼眼与水位线之间的距离来判断江水的枯落程度。

这种水文观测方法与现代水文站所使用的"水尺零点"（最枯水位的水位起点）的原理相同。石鱼最早的雕刻年代应该不晚于唐代广德元年（763），本有两尾，现在仅存一尾，其上的"石鱼"二字，"盖因岁久剥落，形质模糊，几不可问"。[③] 清代康熙二十四年（1685），涪州牧萧星拱在其上重刻双鲤，并题有《重镌双鱼记》。

因为修建三峡大坝，白鹤梁长久地淹没在江水中。即便如此，科考人员还是把白鹤梁的精华部分保存了下来，在其上修建了一个博物馆。

水下世界是幽暗昏冥的，即便是在保护舱房中。参观者要经过长长的电梯，下到水下展馆部分，此处距离水平面150余米。经过清理的江水浸

---

[②] 白鹤梁水下博物馆提供
[③] 同上

泡着白鹤梁，好像婴儿躺在羊水中。透过机舱般的玻璃窗孔，人们借助灯光，或隐约或清楚地看到历代题刻和衔着萱草的石鱼。幽绿泛黄的水世界，是遥远的人间，那里曾歌舞升平，嬉笑欢颜。"神仙福慧，山水因缘""观石鱼之兆丰，拂涪翁之遗迹"……甚至元代蒙古人也在此留下一句"阿弥图土萨塔"，意译为"生命的意义在于荣誉"，这是川江枯水题刻群中唯一的古代少数民族文字题刻。

不锈钢制作的灯管在水下努力照亮过去的痕迹，不过，要想把所有题刻看清楚是不太可能了，参观窗口旁是题刻的投影，帮助参观者辨认水中碑林的字迹。水下的环形参观廊道其实非常安全，但常识告诉我们，铜墙铁壁外均是浩浩汤汤的长江，我们不过是在一个"可乐瓶子"里参观水下世界，如此便不由得加快了脚步，好像龙王随时会发作起来，让人心生悚悸。

回到地面，看长江水波澜不兴，对岸青翠欲滴，好像做了一个长长的梦。

# 石门开门

曹操『衮雪』

　　研习书法的人，绕不开字帖《石门颂》，尽管《曹全碑》《张迁碑》等汉隶帖更具普及性。但各种版本的《石门颂》图书依然是出不穷。它的出现更像是《伊索寓言》之于《克雷洛夫寓言》的意义，《山海经》之于《镜花缘》的启蒙。理解了这一点，清末民初的金石文字学家杨守敬"六朝疏秀一派皆从此出"一语，便普然可眼。

〉〉〉

如果一定要用某个物品来比喻一座城市,那么汉中就是石门十三品。

研习书法的人,绕不开字帖《石门颂》。尽管《曹全碑》《张迁碑》等汉隶帖更具普及性,但各种版本的《石门颂》图书依然层出不穷。它的出现更像是《伊索寓言》之于《克雷洛夫寓言》的意义,《山海经》之于《镜花缘》的启蒙,理解了这一点,清末民初的金石文字学家杨守敬"六朝疏秀一派皆从此出"一语,便蔚然可服。

有时翻看典籍,其中提到这墨重笔逸的一代汉碑时,会让我觉得那块碑来自一个遥远的年代,而当我在汉中市博物馆看见这款原碑时,竟恍惚不能把它和我日常临摹的、充满年代感的碑帖联系起来。

因为它真的存在,近在眼前,字如史大。

汉中,在《华阳国志》中有浓墨重彩的记叙,其中专有《汉中志》。汉中因汉水而得名,这一长江最大的支流发源于市域宁强。公元前451年,楚国在汉水中游的西城(今陕西安康市)设汉中郡(辖今安康、汉中);东汉初,郡治迁入现地后仍称汉中,沿用至今。这里历史深厚,是连接巴蜀和关中的重镇,出土文物众多,尤其是梁山石器、城固县青铜器的大量出土，更表明其渊源厚重。今日之汉中显得陈旧、灰扑扑的，这座被称为"西北小江南"的城市，没有突飞猛进地驶上现代化的高速路。2020年夏天的汉中，街道布局杂乱，树木遮天，充满20世纪90年代的气息。书画、金石、茶叶的店铺拥挤密匝，淡心无肠的老板并不急于招揽生意。然而只要一步入汉中博物馆，浩荡王气便迎面而来。汉字、汉文化的根系在这里灼灼闪现。

隶书石刻占据了汉中市博物馆的大部分空间，触摸他们有一种"我乃汉人"的骄傲。在重檐门牌下，一块块镶嵌在砖墙中的隶书，厚重、结实，"将卒百余""溃败开百里之外"，即使断章取义，也能感受到汉碑传达的力量。

汉碑是适合抚摸的。秦时明月汉时关，潮汐涌动，那一刻人会感到时空的奇妙。我真的置身在这汉代人的方块字中，它们不再是老祖宗，而是你看看我，我看着你，端庄动人又如梦似幻。

《石门颂》也是凭借这股神奇之力，从遥远的临摹典籍中走了下来。

《石门颂》原碑藏身在"'石门十三品'陈列室"中。黑压压的石碑顶天立地，气势盎然。这十三品原本是在褒斜古道上摹刻的书法作品，又称汉魏十三品，是13件著名摩崖石刻的合称，乃首批全国重点文物保护单位。1970年，因"褒斜道石门及其摩崖石刻"原地兴建石门水库，原物将被淹没，作为遗产抢救，十三块精品摩崖石刻才从原地搬迁至汉中博物馆。如今，它们被玻璃一块块地隔离起来，精心保护。

褒斜栈道，是在历史上屡坏屡修的"政权之路"。清初地理学家顾祖禹在《读史方舆纪要》中记载："褒斜之道，夏禹发之，汉始成之。南褒北斜，两岭高峻，中为褒水所经。春秋开凿，秦时已有栈道。"

褒斜道南端起点是褒城镇，从镇上出发，经由褒斜栈道，一直向北，经由陕西太白县，那里风光无两，是真正的秦岭深处，最后到达陕西宝鸡

石门栈道

市眉县斜谷村。过往的仕官商贾、文人墨客,在饱览胜迹之余,记事咏物,抒怀为文,在褒斜栈道的崖壁上留下痕迹,世代不绝,形成了蔚为壮观的摩崖石刻群。

战国中后期,铁器普遍使用后,褒斜道沿途出现了栈道。汉武帝时,数万人对其进行了大规模修筑,自此以后,历代累加修整,以维持南北交通的畅通,褒斜道成为穿越秦岭的一条交通大动脉。唐代之后,栈道逐渐被碥道代替,民国时期又改造为宝汉公路,褒斜古栈道逐渐冷清,但其巨大的工程、完备的设施,在古代交通史上仍旧留下了光辉的印记,可谓一大奇迹。

考古发现,在石门故址的石刻有 104 种,仅石门内壁就有 34 种。上自汉魏,下至明清,其中 13 种汉至南宋时代的石刻出类拔萃,蜚声古今。这十三品中，最为有名的自然是《石门颂》。东汉建和二年（148），《石门颂》由当时汉中太守王升撰文、书佐王戎书丹，刻于石门内壁西侧，歌颂了东汉顺帝时的司隶校尉、犍为（今属四川乐山）人杨孟文"数上奏请"修复褒斜道的事迹。[①]整块摩崖通高261厘米，宽205厘米，题额高54厘米。秦汉时期的书法作品高古、浑厚，如朴实之人齐齐整整，却又力大无比。《石门颂》多用圆笔，逆锋起笔回锋收笔，线条沉着劲道，结字舒展放纵，体势瘦劲，飘逸自然，素有隶书中的草书之称，是汉隶中的精品佳作。清代书法家张祖翼称"其雄厚奔放之气，胆怯者不敢学，力弱者不能学也"。

作为石门十三品中最重要的一品，《石门颂》是一篇完整的文章。它除了是书法作品外，也是地方小传、交通史书。

"高祖受命，兴于汉中。"《石门颂》中写道，"道由子午，出散入秦，建定帝位，以汉氏焉。后以子午，途路涩难，更随围谷，复通堂光。凡此四道，阂隔尤艰。"讲述的是汉高祖刘邦从汉中起家，如何历经艰难险阻，创建王朝的历史。

《石门颂》是中国书法史上的一座丰碑，它与河南上蔡县的《郙阁颂》、甘肃成县的《西狭颂》并称为"汉三颂"，成为汉代颂体代表作。从宋代的欧阳修到清代的翁同龢，历代书家都对《石门颂》劲拔纵横的书法风格进行过点评。这件被誉为隶书典范的书法作品，不仅在中国历史上有举足轻重的地位，在日韩等地也受到了尊崇。

除此之外，其他几品石刻也很珍贵，比如第一品《大开通》是朴拙的古隶，是由小篆向隶书过渡的书体，通篇蕴含强烈的求变之意，形成了现存最早的东汉摩崖石刻；又如第十品《石门铭》是由隶书向楷书过渡，魏书的法度尽显其中；"衮雪""石门""石虎"等，虽各自只有两个字，但皆

---

[①] 汉中博物馆提供

"衮"  "雪"

自成一品。

"衮雪"一品高67厘米,宽148厘米,字径35至46厘米,左侧刻有隶书"魏王"二小字。[2] 相传是曹操来到褒斜古道,眼见褒河激流,心有所感,赞其为滚雪而书,但又不知为何特意省略其三点水的偏旁,为碑刻增添了些传奇色彩。在历史上,曹操确实曾于建安二十年(215)和建安二十四年(219)两度到过汉中,而第二次时他已晋位魏王,这似乎增加了故事的可信度。虽然后世也有学者提出落款系生造之论,举证书史载曹操善草不善隶云云,但历代文人书家大多选择相信此乃曹操手迹,也会在这两个隶字前久久揣摩。

物是物非,人是人非,大概也如《石门颂》所语:"途路涩难……复通堂光。"

看过博物馆的石碑,再去旧日的褒斜古道,会发现,那里涛声哗然,两岸幽然暗绿的植被一望无垠。似乎在那尽头,可以一脚跨入秦汉王朝,那王朝没有湮灭,只是生活在另一个维度里。

这里也是"烽火戏诸侯"中的主角褒姒的故乡,她的传说一直延宕在

---

② 汉中博物馆提供

青石板路上。

八月的天空或明或暗，毫无征兆地突降一场暴雨，淋得人无处躲避。好在两个小时后大雨骤停，但也没有雨后天晴。阴云密布，笼罩四下，阴郁、沉重，褒斜古道的现实风景，让我们仿佛看到了当年迷雾重重的战争之径。

原来位于崖壁上的古栈道不复存在，它长久地淹没在褒河里。在原古道的西侧，重新构建了一条栈道，取名为石门栈道。山还是那些山，水还是那些水，风有一阵没一阵地刮过，水波微澜，天地恢宏。

历朝历代的铁马金戈，血腥荼毒之威，化为岁月的碎片，如江河的粼光，不时闪现。那些曾经在褒斜古道上演绎过的传说，似在江底低声吟唱，三皇衹车出谷口、武王伐纣蜀为盟、烽火戏诸侯、五丁开道……两岸的苍翠沉静，淹没了历史中迂回复杂的细节。

郑子真书"石虎"（汉中博物馆藏）

# 对峙的北碚塔坪

金粉散尽，只剩铁锈的铁塔（清代仿楼阁式）

有头，可能两两相望，也可能两两相忘，肉身对峙，如白我。

塔坪，因北碚塔坪寺而得名。那里有两座塔，一为石塔，一为铁塔，同藏于塔坪寺寺庙中。塔坪寺、石塔、铁塔一起于2000年被认定为市级文保单位。

石头，可能两两相望，也可能两两相忘，内外对峙，如自我。

塔坪，因北碚塔坪寺而得名。那里有两座塔，一为石塔，一为铁塔，同藏于塔坪寺寺庙中。塔坪寺、石塔、铁塔一起于2000年被认定为市级文保单位。

塔坪寺石塔偏居重庆北碚区静观镇集真乡塔坪村古藏山塔坪寺中，是北碚声名煊赫的一座古塔，始建于南宋绍兴十六年（1146），耗时22年，于乾道四年（1168）落成，原为小昆仑古藏寺的一部分，寺庙因山得名。后因年久失修，寺庙破败不堪，至明代万历四十年（1612），重建寺庙，更名为塔坪禅院。后来寺庙又被毁坏，清代嘉庆二十四年（1819）重修，如今所见，是清代建筑。①

进寺庙寻塔，得先过牌坊。石制的仿木结构牌坊，颜色丰富，二重歇山顶四柱三门，正中有"第一胜景"匾额，题有"万历壬子岁建"，匾下门楣有动物以及人物浮雕，是明代坊门建筑的特色。没走几步路，就看见石塔，颜色斑驳，红色、灰色、蓝色交融混杂，覆盖着塔身，反

---

① 重庆市文物考古研究院提供

石塔

塔坪寺

倒是增加了几分美感。

塔为石结构空心塔，平面为正方形，七层。外观形制为仿木结构楼阁式，兼具部分密檐式塔的特点。塔通高14.4米，不设基台，底层边长6.2米。[②] 主体为砂岩砌筑，表面抹灰，并施以灰塑、彩绘装饰。第一层南面开券门，门两侧各开一龛，龛内供奉佛像，不过是后世所塑新像。其余三面均开佛龛，其中东西面佛龛为尖拱顶，北面为券顶。塔门和佛龛两侧有对联，四个转角处也有对联，不过因为风化，团糊成一块，大多辨认不清。南面斗拱之间用楷体书写着"道光壬寅二十二年"，每两个字为一组，平均分布在四块白砖上，白砖间隔处的斗拱用卷云装饰，四个角柱上各铺一朵；北面斗拱间书写楷体"嘉庆二十三年戊寅"。由此可见是清代嘉庆、道光年间重修为记。斗拱上方雕刻出挑檐枋、桁等仿木构件。塔檐雕刻出筒瓦、板瓦、瓦当、滴水等构件。四个转角处檐角外挑，并以青花碎瓷片装饰，下方悬挂塔铃。晴天下，那铃声似乎不够响亮，被情绪高昂的众生带来的声音所掩盖，但抬起头，似乎看见它在摇动，侧耳谛听，才能听见那从背阴一面隐约传来的铃声，更显得有警示之意。

塔顶为葫芦状宝珠塔刹，塔身上的匾题"佛镜高悬""未来清凉""钵中生莲"等，在阳光直射下，更见高远。

塔身二层以上各层装饰大同小异，最显著的差异在于每层塔门的形制，其中第二、第三、第四层分别为券门、圭形门、尖拱形门，不过第三层塔门外装饰有精致的灰塑门楼，特别细巧。这一层也是全塔灰塑最特别、最丰富的地方。塔内空间狭小，有一斜道仅供一人上下，不过并未开放。现在每层塔室内都供奉佛像，从下仰望，依稀可见。

石塔从宋代文脉中延绵而来，虽经过战火洗涤，今日所见不过是清代遗

---

② 《重庆古塔》（重庆文化遗产保护中心、重庆市文化遗产研究院 著）.科学出版社2013年版第38页，第55页，第14页。

物,但仍为世人所瞻拜、敬仰。竖向的水流状的纹路整齐地覆盖着塔身,几乎每一层皆是,即使在晴天,也使人感觉到沧桑。游人抬头仰望,试图从这些风化纹路中找到历年的烟火、争夺、不甘与彷徨,却只有说不清的惆怅。阴雨天中,这种沧桑无疑更为浓重,好像它曾经哭泣过,并且一直满含眼泪。

转入塔坪寺后殿,屋子里还有一小型铁塔,不经意间会以为那是个模型而将其忽略。

这铁塔建于清道光四年(1824),外观为仿楼阁式,高度为6.38米,底周长5.22米,七级六角,为清代嘉庆年间普湛法师重修塔坪寺所铸。③塔基为石砌,平面为六边形,六面均雕刻有花草纹。第一层塔身六角各铸一头卧狮,头部上昂。塔身造像数量很多,包含儒、道、释三家。据寺庙里的僧人说,刚开始修建完工时,各级均分别铸涂金神像多座,不过现在看不见金粉,只呈铁锈色。第一层塔身上有铭文"吾乡之古刹有……"铁塔铸造始末历历在目。第二层每面只开一龛,第三、第四层则是每面开二至三龛,已有几尊造像不存。除了造像外,塔身第二层、第三层还铸刻出仿木构件,第二层的南面佛龛龛顶外部铸刻门楼,两旁则铸刻出雕花门窗的样式,第三层屋檐下刻出天花、匾额等构件,精致细微。每层塔檐均刻出瓦件,翼角微微上翘,悬挂有小钟。塔檐上方示意性地铸刻出平座。塔顶以六角亭阁楼式小塔作为刹座,正面铸有一尊大肚弥勒佛,其上铸仰莲宝珠塔刹。

其实,重庆地区的古塔主要有石塔、砖塔,据统计,其中以石塔为最

---

③《重庆古塔》(重庆文化遗产保护中心、重庆市文化遗产研究院 著),科学出版社2013年版第38页,第55页,第14页。

多，共计203座，砖塔（含砖石塔、砖木塔）只有23座。[④] 在已知古塔中，唯一一座金属塔就是北碚塔坪寺铁塔，此塔也是研究清代铸造工艺的重要遗物。

穿殿出堂，仅一门之隔，石塔不觉沧桑了许多，两塔一后一前，一内一外，铁塔比石塔小很多，两者相向而望，更像是一种呼应，外物与内心的呼应。站在屋檐下，总觉得似乎能抓住什么，又说不明白究竟是什么。阳光温暖，照耀着绕塔而行的人们。

寺庙不大，平日或节日来烧香的人大多是本地人。来来往往的人似流水，并不过多停留，唯有绕塔者、跪拜者会多停留点时间。灯烛整齐地在殿前黄灿灿地排成一片，那是无数个大同小异的希望——官、财、姻、身……大多离不开这几样，这火柱之光，又让人觉得千百年，人类并无太大出息，烦恼家家同，世世人愿安。南宋的片瓦残砖已经很难辨认，但在这一块地上，确实曾有南宋的百姓络绎不绝，衣香鬓影。寺庙的僧人眼观六路打量香客、游客，有着俗世的通融，并不刻意与众人保持距离。若有人上前问寺庙事一二，他也乐意作答。

北碚是重庆的后花园，在主城相对安静的北边，这里曾一度是抗战时期的避难之所，而塔坪又在北碚东缘之静观镇，与北碚城区相距较远，有二十几公里路程，一向是田园农耕更为纯粹的地方。不过自从有了静观花木景区的开辟，节令时期游客也多了起来。

田地依然环绕在塔坪周围，铺展着延向天边，蓝天白云互相追逐。春天炽热的气息中，这里人来人往，来过、路过，比端详石塔、铁塔的人多，但那并不重要，仿佛只是追随前世的自己，回忆、顿悟，像屡坏屡修的石塔一样，这里蕴藏着生的希望，周而复始，四季循环。

---

[④] 《重庆古塔》（重庆文化遗产保护中心、重庆市文化遗产研究院 著）.科学出版社2013年版第38页，第55页，第14页。

# 以暴制暴的金刚塔

菩提金刚塔

现在七星岗俨然是老城区,如果在这里漫步,会迷失在老旧的楼房、凌乱天线、梯坎服装店、溢出餐馆外的面摊、盖饭摊……之中。有些马路牙子一直是湿漉漉的,现在的人会闻到20世纪八九十年代那种气味,而各色店铺的老板嗓门还很大,一副有理无理都不饶人的样子。

但是,这里藏着"金子"——一座藏传佛教的金刚塔就隐身在七星岗里。

石头是坚硬的，所以它能承载刚烈、威武，比如金刚塔。

重庆母城的七星岗很有名，它位于渝中半岛，是重庆最早向城市发展的边界地带。这里保留有明清时期的古城墙，以及一道城门——通远门，是老重庆"九开八闭"的十七门中的一门，明代洪武年间筑城时的遗迹。经不断维修，这段老城墙像西安、南京的老城墙一样，充满着某种相似性、沧桑感和城市自豪感，虽然不及西安和南京老城墙历史悠久，但已是最有重庆味的一段老城墙。现在城墙上有书屋、茶楼，还有奋勇杀敌的守城士兵雕塑，当然枪眼也是必不可少的。

七星岗这道老城门，将城内与城外隔开了，直至民国时期仍是如此。作为重庆最先繁荣起来的地段之一，七星岗是边界，是市井之地，也是各种故事、谣言交换的集散地。

现在七星岗俨然是老城区，如果在这里漫步，会迷失在老旧的楼房、凌空天线、梯坎服装店、溢出餐馆外的面摊、盖饭摊……之中。有些马路牙子一直是湿漉漉的，现在的人会闻到20世纪八九十年代那种气味，而各色店铺的老板嗓门还很大，一副有理无理都不饶人的样子。

但是，这里藏着"金子"——一座藏传佛教的金刚塔就隐身在七星岗里。

有很多方式可以寻到它。比如，对步行爱好者来说，可以从中山二路枇杷山公园的西门进入，再从南门出来，沿着枇杷山正街前行，进入纯阳洞街不到 50 米就可看到金刚塔。又或者是不进枇杷山公园，从中山二路换行中山一路，在抗建堂社区处换支路，走完，进入纯阳洞街，几分钟便可看到菩提金刚塔的巍峨身影。当然，不爱步行寻找城市古迹的人，可以直接乘坐地铁 1 号线，在七星岗地铁站 2 号出口出来，直接进入纯阳洞街，也可到达。

它掩藏在纯阳洞小区和金刚塔小区之间，纯阳洞街道上。因为黄桷树枝丫横斜，城市的电线又布满上空，菩提金刚塔很容易被忽略。但是它的造型显然和周遭一切不搭，甚至显得不伦不类。这样的塔，在西藏或川西地区常见，但怎么会在这里出现？

七星岗曾被称为"棺山坡"。明末时期，张献忠攻入重庆后杀人如麻，十室九空，通远门外若有人行走，也是提心吊胆，坊间有"万户萧疏鬼唱歌"之传。而当年尸体太多，处理不过来，便直接就地埋葬，七星岗一带由此成为"乱葬岗"。老重庆的民谚中有"七星岗闹鬼"，应是从那时就开始流传了。

1929 年年初，潘文华出任重庆市首任市长，他为了开辟新市区，兴建中区马路干道，也就是今天的渝中区中山一路至中山四路，不得不在七星岗大兴土木，这需要整体迁坟。施工队挖出了无数的尸骨，"七星岗闹鬼"的传闻再度被提起，也有人借题发挥，指责潘文华此举扰乱了无辜亡灵，大规模迁坟再度给七星岗带来不安，一时众怨难平。

也是凑巧，刚好康藏地区一批高僧来汉族地区弘扬藏传佛教，潘文华

菩提金刚塔和它的守塔人

经过多方联系，邀请他们来到重庆，看看如何处理坊间盛传的"七星岗闹鬼"，安抚民怨。在高僧的建议和指导下，政府修建了菩提金刚塔，以超度亡灵、镇邪去灾，同时也为生者辟邪消灾，祈祷生者永得安宁。

这座塔耗资上千万元，历时两年完工。整个施工过程由西藏喇嘛具体指导，藏族聚居区风格的佛塔在传统汉地巍然而立。

即使在今天，观瞻菩提金刚塔，仍旧可感受其厚重和神秘。塔身建在一个方形塔基上，为石构建筑，通高 26.73 米，基座高 2.3 米。[①] 塔身分为三层，其中第一、第二层平面为正方形，第三层平面为圆形。

第一层塔身边长 7.5 米，四面阴刻汉、藏两种文字的《佛说阿弥陀经》和《往生咒》，四角各立一根粗壮浑圆的爱奥尼柱，上面均阴刻有篆体大字，排列而读，分别是"尊胜庄严""大清净幢""成就菩提""犹如金刚"。[②] 这几个字如咒语般，紧紧附着在金刚塔下，文字携带着力量，扑面而来。第二层塔身下部向内各叠涩四重，上部向内叠涩二重，形成须弥座式，北面用汉字横书：菩提金刚塔。东南西面则用藏文书写同样的意思。再向上一层继续向内叠涩四重后，是喇嘛塔的覆钵，覆钵北面开辟一个拱形佛龛，龛内供奉一尊菩萨。覆钵之上是塔脖子，又称"十三天"，表面用青红蓝绿等各色细碎瓷片镶嵌，两侧有翼型的装饰图案。十三天顶端是宝盖，宝盖上面是宝瓶。

金刚塔建成之后，他还邀请师从多杰格西的佛学家张心，撰写菩提金刚塔碑文。[③] 1931 年 2 月 16 日，多杰格西为菩提金刚塔装经开光、诵经祈祷。自此以后，菩提金刚塔"护民安舍"，周遭百姓对此心怀感念，经常有人来烧香拜塔。

---

① 重庆市文物考古研究院提供
② 同上
③ 同上

七星岗的城市扩建如火如荼地进行，带来了活力和生机。20世纪30年代，成渝公路修通，起点就在七星岗。那时的长途车站遗址至今都还在，也就是今天的七星岗公交车站处。

随着重庆城区的扩大，七星岗逐渐繁华起来，四周的住房特别密集。七星岗周围更是房地产开发的重点，各种高楼如灌木丛林般交杂，密不透风，使过去的背街小巷显得越发狭窄。如果要说商品房的密度和人口密度，七星岗亦是渝中区最高的几处之一。

1992年，菩提金刚塔成为市级文物保护单位。虽然它被纯阳洞小区、金刚塔小区、巴巷子火锅、友谊洗衣店、抗建堂社区委员会等包围，烟火与市井在其周遭生根、发芽、几代延续，但是菩提金刚塔并不对外开放，仅有的两道门——西门和东门，均锁着，在这片喧闹中保持着静穆。

菩提金刚塔旁有个值班室，值班的人听见有声音，走来观望，得知是要参观，便热情地打开大门。他说，其实这座塔一直没有正式对外开放，也就2020年才略微放松。但是塔前依旧供奉着瓜果，明显是不乏来人。

"晚上的时候，经常有人悄悄翻墙、翻门而入。"他指着两道门给我看，那铁门上是尖利的铁矛头。"就这样，他们都能翻进来，带上供品。"

那些物件像虔诚的灵魂一般，在天光白日之下游动，对我微笑。

七星岗老城现在是寸土寸金，想要再开发新楼盘是难上加难。他们最光鲜的时刻，应该是20世纪八九十年代，那个时代特有的蓝窗户单元楼、福利房如今显得陈旧，此起彼伏，伸长脖子向菩提金刚塔簇拥过来，黄桷树枝枝蔓蔓，遮挡着天光。那些四五楼的住户其实离金刚塔挺近的，受护佑之功如近水楼台，家家户户推窗而见的金刚塔，是喜还是忌呢？

家和万事兴，永远是最动人的祝福。

# 泸州闹市报恩塔

泸州报恩塔

石是有温情的，比母性更慈爱更宽广，比如它的另一个化身，报恩塔。

塔起源于古代印度，原本是埋葬、供奉佛祖释迦牟尼舍利子的纪念性建筑，传入中国后，又译为浮屠、浮图。目前有文献记载的中国最早建寺筑塔之事，乃《三国志》载东汉献帝初年丹阳人笮融在江苏徐州兴建浮图祠，下为重楼阁道，上垒金盘；《后汉书》亦载其"堂阁周回，可容三千许人，作黄金涂像，衣以锦彩"，蔚为大观。

石是有温情的，比母性更慈爱更宽广，比如它的另一个化身，报恩塔。

塔起源于古代印度，原本是埋葬、供养佛祖释迦牟尼舍利子的纪念性建筑，传入中国后，又译为浮屠、浮图。目前有文献记载的中国最早建寺筑塔之事，乃《三国志》载东汉献帝初年丹阳人笮融在江苏徐州兴建浮图祠，下为重楼阁道、上垒金盘；《后汉书》亦载其"堂阁周回，可容三千许人，作黄金涂像，衣以锦彩"，蔚为大观。

从汉魏到明清都不乏各种古塔兴建，历经朝代更迭，战火侵袭，仍有一些古塔保存至今。

在一切塔中，有一种报恩塔。子报父母恩，孝心永流传。中国不乏孝道好儿，仲由为父母百里负米、董永卖身葬父、黄香扇枕温衾等，都是克己的典范，自己再苦再累，都要善待双亲。感恩，是一种约束和道德规范，也是有前瞻性的社会秩序。

谁都有老去的一天。这是中国人的未雨绸缪和智慧。

为了纪念孝心，世人便建有报恩塔，以彰其心，以励后人。比如重庆南岸的林觉寺报恩塔、荣昌河包报恩塔等，不过它们都和市中心保持距离：建塔本就是表扬、彰显，市区中人来人往，一来沾染了世俗气，多有不恭，二来少了距离带来的敬畏感，本身的宗义或许就打折了。

偏偏四川泸州的报恩塔却奇怪地处于闹市——江阳区之中。

泸州，古称江阳，在长江、沱江交汇处。西汉时设江阳侯国，梁武帝大同年间建置泸州。现在，江阳成为泸州的市中区之名，东连合江县，南接纳溪区，西邻宜宾市江安县、自贡市富顺县，北以沱江为界与泸县、龙马潭区相邻。从古至今延续下来的江阳城，演变到江阳区，依然是泸州商业最发达、最热闹的地段。在这浓缩之地，似乎要把所有老泸州的陈衣新裳都穿在身。

有人带着孩子在报恩塔下扔套圈，小熊、小兔、陶瓷娃娃，套中什么得什么。一个穿保安制服的女人守在塔底入门处，交错双腿，茫然地看着周边的人。她身旁挂着牌子"请勿攀爬栏杆"。报恩塔很新，白色的外墙干净，没有岁月痕迹，让人疑惑古从何来。

这座报恩塔，确实是近年修缮过，不过历史很悠久，南宋绍兴十八年（1148）就开始修建，明弘治年间、清光绪四年（1878）、1983年、1985年、2001年数次维修。报恩塔坐西向东，寓西方极乐之意。砖石结构，双檐七级楼阁式，通高33.2米。塔身呈八边形，层层上收，塔基八边形，每边长4.1米，底层直径10米，高4.5米。[①]宋代，现行的八卦方位图式出现并广泛传播，凡事要与八卦相合，八面八角，象征八方，连同上下共"十方"，都是光明净土之意。

塔门紧闭，并不对外开放，因此人们看不到塔中有何物，但是据《泸县志》所载，塔中原藏大小乘佛经各48部，但已消失。"文革"中，塔顶装饰、塔内石刻造像、瓷佛像等被破坏殆尽，但塔内尚存90龛、256尊具有典型南宋风格的深雕石刻，其风格与邻近的大足石刻有着极明显的渊源关系。特别是第七层内壁上冯楫立侍，保存完好。冯楫头戴纶巾，身着便服，双手捧如

---

① 四川省文物考古研究院提供

意，向西侍立，端庄肃穆。许多雕刻神像，无论是佛、菩萨，还是天王、罗汉等，都变成中国人容貌和装束，多是宋代衣服款式。佛像大体可分为两类：一为佛菩萨造像，二为佛教故事。佛像有阿弥陀佛、华严三圣、孔雀明王、观音等，人物精美。第二、第三层檐下有负重鸟兽类雕塑，保存完整。

缘何为报恩塔？报恩塔内有冯楫跪舐其母之目的故事和建塔事迹等大量关于"孝"的题材。据民国时期的《泸县志》记载，塔为泸南安抚使冯楫为报母恩而建。县志中提到冯楫年幼丧父离母，后来官拜泸南安抚使，寻母无着。一次生日时，冯楫设棚煮粥，广施难民，乞丐们群集衙门外求食，一个失明老太婆感叹，今天是儿子的生日，如果他在，自己不会流浪。冯楫闻讯将她请进府中，问其儿身上有无印记，失明老太婆言儿子手臂上有长疤。冯楫当即下拜认母，并跪地舌舔母亲的眼睛，母亲眼睛因而复明。后来，冯楫为母亲修建了白塔，取名报恩塔。

虽然此说不乏传奇色彩，但冯楫确实是真实存在的历史人物。冯楫是宋徽宗政和八年（1118）的进士，一生喜欢佛法，除了泸州报恩塔，他还曾出资营建大足石刻的多宝塔。冯楫好布施，也是有迹可循的。他曾捐出为官的薪水，造大藏经四十八部、小藏四大部经等，藏在各个寺院。他做好事，是为了得到"天上人间福德之果报……安详庄严地往生西方极乐世界"。《四川通志》中有他的小传。

其实，报恩塔可以看作冯楫为报答母亲和佛祖的双重恩情而建造，更符合当时情形。

清代的时候，因报恩塔而生的景观"白塔朝霞"，蔚然是古泸州"八大景"之一。不过城市的现代化进程总是急促、匆忙，快节奏的生活也席卷着报恩塔的周边。为了还原报恩塔之貌，当地曾拆除了周边不少旧房、临时房屋，但是广场又被新的商业设施所占据。

在一片高楼商厦里，报恩塔只能算小个子。报恩塔，那么新，新得像一块背景板，让人们以为那不过是众多现代建筑中的一个装饰。

# 雨台山的清代残碑

清代残碑

涪陵古称枳。商周时期，巴人骁勇善战，跟随周王灭商纣王，一时功勋卓著。公元前11世纪，周武王封宗姬于巴，建立了奴隶制国家巴国。当时还叫作枳的涪陵也曾作为巴国国都所在地，风光无两。历史更迭，楚国攻取该地后设枳邑，秦灭巴蜀又改为巴郡枳县。其后行政区划多次更易，所属多次变更，至唐初设涪州才大致稳定下来，到1997年，改称为重庆市涪陵区，延续至今。涪陵以乌江古名涪水和在境地的巴国先王陵墓而得名。

⟨⟨⟨

  涪陵古称枳。商周时期，巴人骁勇善战，跟随周王灭商纣王，一时功勋卓著。公元前 11 世纪，周武王封宗姬于巴，建立了奴隶制国家巴国，当时还叫作枳的涪陵也曾作为巴国国都所在地，风光无两。历史更迭，楚国攻取该地后设枳邑，秦灭巴蜀又改为巴郡枳县，其后行政区划屡次更易，所属多次变更，至唐初设涪州才大致稳定下来，到 1997 年，改称为重庆市涪陵区，延续至今。涪陵以乌江古名涪水和在枳地的巴国先王陵墓而得名。

  雨台山位于重庆市涪陵江东办事处插旗山中段，离涪陵主城区 10 千米，其实并不远，海拔高度 860 米，占地 837 亩，是长江三峡库区尾以祈雨文化为特色的风景名胜区。[①]

  前往涪陵雨台山的途中，空气着实清新，朦胧的湿气混合着林木的味道，几乎让人醉氧。只是道路越来越坎坷，似乎年久失修。景区里面的路逐渐好了起来，也有石梯步道在一侧。水泥地面半干半湿，山气在前方凝聚，让人想一头扎进去。迷雾之后，出现了一片色彩。道路两旁

---

① 何孝义．《长江三峡库区胜迹》．光明日报出版社，2006，54 页．

涪陵雨台山仅剩一块清代残碑

都是盛放的绣球花，紫色、金黄色嫁接出来的各种颜色，这经过人工修剪的景观大道，工整，秩序井然，也给无尽青翠中增添了一点色彩。帐篷露营区蒿草齐人高，秋千湿漉漉的，无人荡起。偶尔有自驾车开过身边，表示前方山高水长，但是我们决定徒步感受一下雨台山。

　　风起雾涌，随意蔓延，很快将人团团围住，恐惧之余是欣喜，欣喜之中又是迷惑。在这样的时刻，雾气来得快，去得快，人仿佛是被风裹挟着前行，即使一动不动也能看见林中秀色。这是一种清新透明而又迷雾重重的山林之景，不由得让人大口呼吸，仿佛呼吸这神奇的气体，自己也可以变得神奇起来。

乡村田野的景象铺陈开来，常年保持七万多平方米地表蓄水的星月湖点缀其间，山色迷人，湖水涟涟，忽转山头又见，金鸡菊成群结队开在湖边，花茎柔软，风一吹就招摇。大约走了40分钟，我们到了猴区。猴子们挂在树上，蹲在路边，伺机而动又小心部署。

猴区大概是雨台山上最招人的地方。在离城市不远的这样一个林区，猴子的存在，预示着生态的完整和天然。它们与峨眉山的猴子一样，都不温顺，都有些贪嘴，甚至仗势欺人，巧取豪夺。这也无可厚非：作为闯入者的人类，应学会敬畏自然。

在猴区尽头，有路牌标示此处不远有祈雨坛、观音岩，这是雨台山唯一又最核心的人文价值。然而放眼望去，上下攀爬，山路道阻且长。山气迷雾好像被风吹了过来。

休整片刻，钻进松林。树与树不同，又看似相同。在松林里钻了半小时，看到了一块小小的草坪，有一块牌子上写着"祈雨坛"。

这块牌子多少表明了祈雨坛和雨台山的因缘。

巴蜀人自古有祈雨的风俗。古时，天干大旱，久晴无雨。山野乡民沐浴更衣，从雨台山的"观音岩"处叩头跪拜，头下山体中"暗藏金子"，意味着"金生水"，山顶矗立丈八神坛，坛上供奉在此修炼得道成仙的毛法真之位。道士烧香祭拜，吟诵祷文，四周锣鼓震天，乡民肃穆，不日，果得大雨。这一风俗渐渐延续给后辈。作为民间故事，有些东西看不到了，有些东西证明这是真实的，比如荒芜草地中仅存的柱槽，以及残碑。残碑上四面皆有字——"祈雨坛所毛法真位"。而眼见的这些柱槽和残碑，重修于清代光绪年间（1875—1908），"破四旧"时屡遭破坏。

这清代的遗迹证明史事不虚。

雨台山最早设坛祈雨的朝代已无可考证，但地方志上依然有迹可循。雨台山很早以前叫洪都山，东汉以后，因史传东汉时公孙述曾在雨台山屯

涪陵雨台山仅剩一块清代残碑

兵,又称白帝山。唐代,传说尔朱仙曾在山中种松养生修道,又称种松山。明朝崇祯十六年(1643)农历六月初八,张献忠入川,登临山顶插旗,观察涪州军事形势,这座山被称为插旗山。涪陵一带多坡地,易干旱,故又称雨台山。祈雨古已有之,北宋王存《元丰九域志》、清道光二十五年(1845)《涪州志》均有记载。

野草萋萋,金鸡菊在艳阳下恣意摇晃,生命从来未曾停止。这一块两百多平方米的祈雨坛想必当年也是隆重肃穆。残碑上四面皆书"祈雨坛所毛法真位",静默的遗迹和摇曳的生命,共同见证雨台山远古而神秘的祈雨祈福的历史。

荒的且荒，生的再生。残碑、残槽，是一种和解还是一种抗争？后来人在阳光下，眯着眼，凭吊往昔；又或者在夜晚，跋山涉水来观涪城天象，英雄孤胆，也算浪漫。

雨台山森林覆盖率达 90%，苍松翠竹遍布山野，前后左右都是青翠屏障，久在其中，就不免单调，唯有那块残碑让人忽念历史、朝代、山民的喧闹与生气。

离开祈雨坛的路依然漫长，重新穿过层层竹林、松林，天空很难看到，偶有森林空缺，知道那便是悬崖。天色向晚，猴子三三两两地立在祈雨台的路口，毛茸茸的长臂试探着向前伸，一只怀抱幼崽的母猴也跃跃欲试。

过去的祈雨台大概没有这么多动物存在，看着它们，不觉回想当时人来人往的热闹，如今黯然之处，过去也是热闹煊赫之址。

在涪陵，这种落寞的旧址很多，掩没在草丛中。

## 第四章
# 动物皆汹汹

# 地球上的"租客"

孔子鸟

得知脚下这片土地曾有上万头恐龙闪同出现,会是什么感觉?会不会觉得人类大概是恐龙的末世,恐龙是人类的前生?这种念头一晃而过,科学巨人会坚定地砸到我们脑海里,告诉我们:地球就是个精装修房,租客们来了走,走了来。

得知脚下这片土地曾有上万头恐龙同时出现，会是什么感觉？会不会觉得人类大概是恐龙的来世，恐龙是人类的前生？这种念头一晃而过，科学巨人会笃定地跑到我们脑海里，告诉我们：地球就是个精装修房，租客们来了走，走了来。

在人类出现以前，海陆空都有各自的霸主。在地球中生代（2.52 亿—0.66 亿年前），恐龙是陆地上的霸主，因此这段历史又被称为"恐龙时代"。

恐龙在各种影视片中都有出现，20 世纪 80 年代有一部日本科幻动画片《恐龙特急克塞号》，主人公每次在怪物面前出现都会喊一句"克赛、前来拜访"。这几乎贯穿了一代人的童年记忆，"恐龙时代"一词在其中也被多次提到。

动画片可能会夸大，比如恐龙的无所不能。然而面对四川自贡的"大山铺恐龙化石群遗址"，硕大的恐龙骨骼遗骸集体呈现，你反而会觉得人的想象力远没有现实来得夸张。大山铺恐龙化石遗址于 1972 年发现，距离自贡市中心东北 11 千米，它是在世界著名的"大山铺恐龙化石群遗址"上就地兴建的一座大型遗址类博物馆，是中国继半坡遗址和秦始皇兵马俑坑之后,又一大型现场博物馆。①

作为我国第一座专业性恐龙博物馆,自贡恐龙博物馆馆藏化石标本几乎囊括了距今2.01亿—1.45亿年前侏罗纪时期所有已知恐龙种类,是世界上收藏和展示侏罗纪恐龙化石最多的地方之一。②它与美国国立恐龙公园、加拿大恐龙公园并称世界三大恐龙博物馆,被誉为"东方龙宫"。1991年,自贡恐龙博物馆被评为"中国旅游胜地四十佳"之一,并列入《世界地质遗产提名录》,2002年成为首批国家地质公园。③

根据化石骨骸,1.6亿年前原始森林下的合川马门溪龙,是特大型的长颈蜥脚类恐龙,长达20米,细长的颈部由19个颈椎组成,它也是颈椎数最多的恐龙。它高昂头颅的样子,让人似乎一眼望不到尽头。而和它结伴而行的,则是个头中等的巴山酉龙,长12米,头大而笨重,颈部长度适中,是短颈型向长颈型过渡的一个品种。④

马门溪龙(前)与巴山酉龙(后)(自贡恐龙博物馆藏)

---

① 自贡恐龙博物馆提供
② 同上
③ 同上
④ 同上

个头大的恐龙有一个大致相同的特征——颈子长,且会甩来甩去,这使得身子变成一种累赘,或许它们的身体应该进化得更加轻盈,但很可惜,它们并不能飞起来。长长的颈子,因为不合比例显得怪异,侏罗纪时代的天府峨眉龙也是这种类型。头骨相对较小,由 17 个长长的颈椎组成,在大山铺遗址发现的成年个体,骨架为 20 米长,一具幼年个体长为 6 米。[5] 这很可能是母子,成年的峨眉龙正从高高的树冠上摘下细枝叶来喂食自己的幼崽。

弱肉强食,也是恐龙族群的生存法则,和狼的群斗差不多。比如,甘氏四川龙,很善于群体捕猎。这是中等大小的肉食性恐龙,长 5.5 米,头骨大,牙齿尖锐,呈匕首状。[6] 在晚侏罗纪时代,也就是约 1.5 亿年前,一群甘氏四川龙围攻多棘沱江龙,后者的牙齿少,头骨低长,属于剑龙类恐龙,它们的背面两列对称排列的骨板十分宽大,即便这样,在凶猛的甘氏四川龙的围攻下,多棘沱江龙最后也成了被猎杀的对象。

然而这一带最凶猛的捕食者要数自贡四川龙,长 6 米,头骨大,牙齿依然是匕首状,且有倒勾,杀伤力极强。[7] 可是捕食者并非都是赢家。自贡恐龙博物馆的一具太白华阳龙化石表明,这种目前世界上已知最原始、化石保存最完整的剑龙类恐龙,完全可以凭借尾部尖锐的尾刺刺入凶悍的四川龙腹部,了其性命。

小型恐龙亦有生存之道。比如多齿何信禄龙,是小型的两足行走的原始鸟脚类恐龙,眼眶大而圆,长仅 1.4 米,与一个 10 岁左右的儿童差不多高。[8]——在动画片里会看到孩子和儿童大小的恐龙是一对好朋友的情节,这丝毫没有夸张,看过博物馆后,我们或许能更多一分对艺术家审美和考究

---

[5] 自贡恐龙博物馆提供
[6] 同上
[7] 同上
[8] 同上

的尊重。多齿何信禄龙因为前肢较短，后肢较长，常常出没于灌木丛中，以柔嫩的植物和昆虫为食。这一身形在恐龙家族中显然是弱势的，是名副其实的小不点，不过在人类看来，却更有亲近感。

跑得快的并非都是个头大的，3米长的鸿鹤盐都龙获得了短跑冠军，它是一种中等个头的鸟脚类恐龙，连跑带跳，速度非凡。⑨

恐龙时代里，恐龙是陆地霸主，但此时的海洋生物同样不可小觑。比如鱼类，它不仅是最早出现的脊椎动物，也是恐龙的伴生动物中种类和数量最多的一类脊椎动物。

狼鳍鱼大概是这个时代数量最多的一种鱼类。它产于辽西，是原始的真骨鱼类，种类很多，为中生代后期东亚地区的特有鱼类，多数种类牙齿较小，可能以浮游生物为食，现已灭绝。

古生物化石往往给人粗笨的印象，狼鳍鱼的化石却让人感叹其精美，每一根肋骨、鱼刺都纤毫毕现，犹如细腻完美的工笔画。这些狼鳍鱼化石多是以集体形象出现，三条大鱼、两条小鱼或一条大鱼、三条小鱼。大概是在它们活着的时候就出现了地壳运动，导致集体死亡，这死亡之舞还充满灵动与欢快。

2013年，一件狼鳍鱼化石在香港佳士得春拍中以1.1亿元成交⑩，从这高昂的价格可以窥见古生物化石在收藏市场的热度。收藏是面镜子，多少反映了古生物化石中蕴含的文化。时光荏苒，环境变迁，随着化石的价值被越来越多人认识，这类藏品在一些拍卖公司有过多次高价成交的记录。

而产于辽北的鳞齿鱼长近两米，虽然头部模糊，但整个身线、鱼鳍精致入微，仿佛是在石头上雕刻的一般。在这块化石上还有纹路不甚清晰但

---

⑨ 自贡恐龙博物馆提供
⑩ 摘《深圳永东文化》2018年8月15日

足以辨认的小鱼相伴左右。海洋世界的繁复从一块石头上就能窥斑见豹。

四川渝州鱼化石则显得惑厚，肉质饱满、鳞片多而厚，形似钳鱼，骨骼虽不显，但整块鱼肉能成为化石，可以想见其生命力旺盛。尤其是鱼鳞，一片片清晰可见，如盔甲一般，暗藏凶猛。

孔子鸟这个名字，今天已经听不到了。化石中，这尊鸟化石手足和头部与人形似，作为动物，看上去却和圣贤一般饱含智慧，侯连海先生为其命名为"孔子鸟"的时候，是想选取一个最能代表中国文化的名字，现在看来相当合适。而实际上，它只是恐龙时代的一种飞行生物。这种古鸟属的化石遗迹是在中国辽宁省北票市的热河中发现，作为恐龙时代的"配角"生物一起陈列在自贡恐龙博物馆。

不过，并不是所有的古生命都没有活到今天。在中生代的银杏叶化石中，扇状的叶片十分清晰。[11]1.6亿年后，中国北方的秋季、南方的冬季，仍能看见这种植物在大放异彩，明亮的黄色照耀了清寒，若是与高古屋檐或钢筋水泥建筑搭配，禅意连绵。在单一色的秋冬之际，银杏叶就是那不断上爬的生命象征。

恐龙、鱼类、飞禽、植物，那个枝繁叶茂的时代似乎一去不复返，这里曾经被葳蕤茂密的森林覆盖，动物繁衍成群。经过亿万年的演变，由于冰川运动、地壳变迁等原因，众多生物的时代成为过往，其遗迹被埋藏于地下，人类登上了智慧的宝座，享受"万物之灵长"的荣誉。然而相比之下人类依然是个小孩子，拿着地球老奶奶留下的瓦片津津乐道。今天重新展现在人们面前的古生物化石，让我们在为人类的探索发现感到荣耀的同时，瞬间认清自我的渺小。

---

[11] 自贡恐龙博物馆提供

# 物大为牛

牛

---

　　牛是一个宝，能干活、能吃苦，全身上下每一处都可以为人类所用。即使是看似无用的牛角、牛齿，也能被人类利用起来。十二生肖中，乃至整个动物界中，也只有牛具备这种美德和素质。

牛是一个宝。能干活、能吃苦，全身上下每一处都可以为人类所用。即使是看似无用的牛角、牛齿，也能被人类利用起来。十二生肖中，乃至整个动物界中，也只有牛具备这种美德和素质。

人类换位思考，也想到了这一层，这样任劳任怨，牛定不是常物，应是上天派下来帮助人类的。在利用完牛之后，人类要感恩。

早在甲骨文、周礼等文字载体中，牛就是用于重大祭祀的神圣之物，它是与天地神灵沟通的媒介，它的牺牲程度可以影响到国家安康。如指甲壳大小的残骨陈列在玻璃展柜中，就着如豆灯光仔细观看，上面有深深浅浅的画痕，经提示那是古代文字。这些有"牛""牢"字的商代甲骨残片上卜辞的内容均是在询问"祭祀该用几头牛"。

《周礼》十二卷中记载："牛人掌养国之公牛。以待国之政令。凡祭祀，共其享牛、求牛，以授职人而刍之。凡宾客之事，共其牢礼、积膳之牛。飨食、宾射，共其膳羞之牛。军事，共其槁牛。丧事，共其奠牛。"这份对用牛流程事宜的详细记录，充分说明对牛的尊重，以及享用牛肉的人之尊贵。

可见杀牛在中国古代是一件国家大事,而且等级森严。牛在这里虽然终不免成为果腹之物,但其地位也随之而抬升,很有一点"士为知己者死"的意味。

在《晋书》卷一百三《刘曜传》中也有记载,前赵皇帝刘曜曾下令:"非宗庙社稷之祭不得杀牛,犯者皆死。"

人类史上,与牛相关的文物多不胜数,无论是作为工具、武器还是艺术品,都有让人惊叹咋舌之处。

距今7万—8万年的重庆巫山玉米洞遗址,出土了旧石器时代人类利用牛门齿制作的端刮器。①

在汉代的青铜铜鼓上,亦有"人牛播耕"的雕像。

广西桂平市以出土各种汉代青铜铜鼓闻名。"人牛播耕"于1993年出土于广西桂平市金田镇,现在藏于桂平市博物馆。"人牛播耕"像非常生动地再现了古代人与牛的劳动关系。鼓的边缘装饰着一头水牛,头上顶着一对弯弯的硕大的双角,气势浑然。鼻子上穿着一个圆形鼻环,系着一条向后延伸的粗绳索。牛后站着一名役牛人,方脸广阔,大眼宽嘴,头后部披着一条布巾,典型的农夫打扮。他胸前挂着一只盛种子的圆篓,两脚张开站立,一手操索催牛前行耕田,一手控制篓底的漏孔,均匀下播种子,活灵活现。

在汉代画像石中,有牛出现的也不在少数,而反映牛耕地的比较典型的是徐州汉画像石艺术馆里的一件"牛耕画像石"。画面分为三层,人物庞杂,情节丰富。在画像石最下方,一层画面为二牛拉一犁,农夫扶犁耕地,后面一位儿童紧跟其后播种,另一人在画面后方为家人送饭送水;上格为仙人骑鹿、鹿驾云车等,中间为人物会见。

---

① 重庆市文物考古研究院提供

甘肃嘉峪关新城出土的魏晋画像砖，有采桑、狩猎、畜牧、耙地、屯垦等题材，还有不少反映人与牛耕作劳动的画像砖，也有宰牛的画像砖。其中一幅为一人一牛犁地的画面，画中农夫一手攥着缰绳，紧握犁耙，一手举鞭；耕牛前屈后躬，两眼圆睁，一前蹄跃起，生活气息浓郁。另一幅牧牛的画面，一牧人手持弓箭，守卫牛群，免遭伤害。全画采用透视手法，勾勒出了牧牛成群的景象。还有一幅宰牛的画像砖，非常生动、细致、喜庆地表现了屠宰之初的故事。一位屠夫紧拽牛鼻端的缰绳拉住牛，左右高举铁锥，准备击杀。牛四足蹬地，用力反抗，连眼睛都红了。画像砖再现了宰牛的紧张气氛、方法和过程，也让人一目了然，于后人研习古代风俗亦是大有裨益的实证。

这些古代民间风俗画，毋庸置疑地描绘了1700年前河西走廊人与牛的关系。

敦煌莫高窟壁画中，也出现了农夫牵牛耕犁的景象。这些耕稼图也是北朝以来该地区农业生产生活以及劳动工具的发展缩影。唐代时，敦煌地区不但实现了粮食自给自足，还成为军粮的重要储备基地。

南宁博物馆还藏了一枚西周早期的牛形青铜觥，通高27厘米、首尾长27.4厘米。[②] 觥是流行于商晚期至西周早期的盛酒器。在纹饰和装饰构件方面，牛是我们在青铜器上常见的动物，主要表现为牛形器、牛形及牛首纹饰、牛角兽面纹和牛面具，绝大多数为礼器和兵器。

在山西博物院里，有一款通透晶莹、细腻温润的西周玉牛，1993年出土于山西省曲沃县北赵村晋侯墓地63号墓。牛身体后坐，引颈前视，大眼有神，口微张，神态似害怕又似好奇；下唇有穿孔，尖角后弯，肌体肥硕，似为水牛犊。玉牛周身为黄褐色半圆雕、阴线刻画，造型洗练。

---

② 南宁博物馆提供

南北朝、隋唐时期的墓葬也喜用陶牛。太原出土的北齐陶牛，牛角上挺，牛首昂立，鼻孔张大，脖弓腰下弯，四蹄分踏，显示了强悍的阳刚之美。

此外还有西周中期陕西岐山县贺家村出土的铜牛尊，有长沙河西出土的十件汉代陶牛，宁夏汉墓出土的夹牛，甘肃武威东汉墓出土的木牛、木车，河南偃师李家村出土的东汉鎏金铜牛等特别的牛形文物，更有上海博物馆馆藏的西汉青铜八牛贮贝器、西汉青铜五牛枕等给人无穷想象。贮贝器是古代的存钱罐，用来存放货币。此器圆盖上塑有八头姿态各异的牛，壮美高雅。而青铜五牛枕为元宝形，除枕角铸有两头立牛，枕侧还浮雕三牛，精致细巧，将具有安全感、守护感的牛引置枕边，可安神、安心。

作为牲畜的牛，是勤劳的受体，作为神灵的牛，则具备某种异能。宋代的褐釉陶牛头镇墓兽，为牛首人足，是四川广汉出土的文物；宋代三彩陶兽足鼓，头部为一面鼓，底部是牛首，是重庆合川出土的。这两件宋代文物放在一起展出，不由得让人想起《山海经》的"夔牛"。书中记载夔牛是一种雷兽，道教中认为雷神之法可以"炼渡幽魂"。

温顺听话的牛，发起怒来也是难以控制的，所以古人提炼了这种能力。在东晋的《五苦章句经》中有："狱卒名阿傍，牛头人手，两脚牛蹄，力壮排山，持钢铁叉，叉有三股，一叉罪人数百千万。"唐代以后，佛教中牛首人身，手持钢叉的阿傍以"鬼卒"形象开始流行于民间，后与"马面罗刹"共同组成了道教以及民间信仰中最常见的"地狱使者"——牛头马面。而重庆中国三峡博物馆中，一排明代的牛首人身俑，颇有神话色彩——身穿官服，一看就是地狱里的官差，由它们来镇墓保平安，是为良才。

在宗教造像中，牛头、牛面更是频频出现，比如一款清代的双身大威德金刚鎏金铜像。大威德金刚又称"牛头明王"，是密宗格鲁派的本尊之一，为文殊菩萨的愤怒像，因它伏恶有功、护善有德而得其名。其像一般有九头,每头有三目。正面主头从上往下,依次为文殊菩萨、金刚神、牛神,三十四臂各执法器。其面部主头是一具硕大的牛头,牛角弯曲峙立,怒不可遏。怒目牛首象征被降服的地狱神阎魔罗。造像的正身右手持降魔杵,左手托嘎巴拉碗,其余手臂各持法器,屈右腿弯左腿,踏众生于莲座上;手足串饰原填有绿彩,怀中搂抱的明妃上半身缺失,只剩下半身。

除了铜像,也有民国时期的泥塑大威德金刚像,面目大同小异。

试想一下,《西游记》中的牛魔王,大概就是这种威力和模样。

牛,从古至今在中国社会中所扮演着不同角色——牺牲、畜力、神祇,并由此受到人们各种各样的赞颂。在这些颂词中,不那么"正能量"的柳宗元《牛赋》显得尤其让人感慨,也更多地照应普罗大众的生活:"牛虽有功,于己何益?命有好丑,非若能力。慎勿怨尤,以受多福。"

# 中国龙，南美龙

有月亮和龙装饰的铜铸刀

一直以来中国人都以龙的传人自居。自春秋战国时期起，就有各种"龙文字"龙龙生现。比如《荀子》提到"积水成渊，蛟龙生焉"，《论衡》中说"龙之象，马首蛇尾"，其至在《本草纲目》中也提到"龙有九似"，兼备各种动物之所长

一直以来中国人都以龙的传人自居。自春秋战国时期起，就有各种"龙文字"灵光乍现。比如《荀子》提到"积水成渊，蛟龙生焉"，《论衡》中说"龙之像，马首蛇尾"，甚至在《本草纲目》中也提到"龙有九似"，兼备各种动物之所长。

龙，虽然被定义为想象之物，但超越了想象之物。它在神话、现实中自由切换，亦真亦幻，有鹿角、蛇身、鱼鳞、长须、蜥蜴尾……《说文》《山海经》《周易》《三国演义》《西游记》等历代著作，对龙都有不同程度的描写。从不缺席于历史的龙，似乎在佐证华夏儿女和龙有千丝万缕的关系。

不仅如此，在考古遗址中，也有大量出土的龙形、龙纹物品，为"龙的传人"一说验明正身。

最早在文物中出现的龙，考古学家们普遍认为是陕西宝鸡北首岭仰韶文化的墓葬品——一件彩陶壶。仰韶文化是中国新石器时代最重要的考古文化。此彩陶壶高 21 厘米，肩腹处绘一只水鸟啄着一条大鱼的尾巴，惟妙惟肖。鱼头呈方形，巨鳃，有鱼鳞纹。水鸟有人眼，彩色羽毛，有冠绶。这条鱼和蟠龙的形态极为相似，作为早期的龙纹,虽然简单,但对龙的造型表现已具雏形,这也给后世的龙丰满精致的形象提供了基础和范本。仰韶文化是人类新石器时代的文明凝聚,时光辗转,龙越来越多地出现在泥塑、陶瓷、玉器、金银器,乃至绘画和织物中。

在夏商遗址大户——河南二里头遗址,也出土有龙纹样陶器。一件残破的陶器上,绘有一巨目龙首,龙的身体蜿蜒向前,趾爪俱全。另一件陶片上则绘有一头双身的龙,龙头朝下,眼珠凌厉突出,周身有鳞装饰。这两个龙纹造型都别具特色,眼眶内部涂有翠绿色颜料,部分线条又用朱砂上色,作为艺术品珍贵难得。

商代后期,龙的图案、造型越来越丰富多彩,商王武丁之妻妇好的墓也有龙元素的各类精品。安阳妇好墓出土的方壶、四组觥等铜器上都有龙纹,其中一款象征权力与地位的玉玦,最为惊艳。它直接以龙形做底样:首尾互衔,自成一个圆形的,就是龙的躯体;龙鳞以粗放且有象征意味的符号表示,既凸显了玉之美,又烘托了龙的权重感。此玉玦加身,又在一个女人的墓葬中,可见妇好地位非同一般——不仅是皇帝的宠妃,也是可以独当一面的女将。

直至汉代,石刻艺术开始唱主角,龙也当仁不让,盘踞其中。在河南洛阳、郑州、南阳的汉代画像石墓中多有龙的形象。比如洛阳西汉壁画墓有男女墓主人骑龙升天图,郑州新通桥石刻画像有东王公驾龙图,南阳石刻画像中有黄龙、应龙、苍龙,甚至远在呼和浩特的昭君博物院里也有汉代青铜错金龙纹代钩,精致、神秘。

大量出土的中国龙的文物无一不在证明,中国人才是龙的传人。西方世界中虽然也有龙出现,但通常是与魔鬼联系在一起。西方龙是被丑化、被驱逐之物,它们的艺术造型更像巨型蜥蜴、巨型蝙蝠,在希腊神话、北欧神话中,它们是需要被消灭的物种。所以像中国人一样唯龙是尊的民族,才能是"龙的传人"。

汉代青铜错金龙纹代钩
（昭君博物院藏）

果真如此吗？龙的传人果真只有中国吗？

2020年夏，一把秘鲁"龙刀"漂洋过海来到中国重庆，让人感到某种历史的隙口正在被缓缓撕开。

这把龙刀是随着南美洲安第斯文明在中国境内第一次大规模展出而来，这个已经消失的文明正在激发人们探讨某种渊源与人类共性。

秘鲁作为人类古代文明的发祥地之一，是南美洲的安第斯文明的一部分，从大约1.5万年前就有人类在此繁衍生息。安第斯山区的工匠很早就已经掌握了熔模铸造雕刻、焊接、覆镀和镶嵌等基本的冶金技术。

在展场上，这款"有月亮和龙的铜铸刀"，名字听上去有几分诗情，给血腥的兵器笼罩了一层柔和的光芒。此刀比手掌略大，刀柄上是一条形似蜥蜴的小龙，身体后半部分翘起，搭在前半部分上，有龙角、龙爪、龙鳞，造型精致迷你。小龙踩在一只半月上，半月的造型简单，仅仅是线条表现，不过正好作为龙和刀身的过渡，显得不突兀。铜铸刀光洁、锐利，刀口形

六龙图

似斧头状。在玻璃展柜的灯光下散发着寒意。这款"龙刀"类似中国的匕首、短刀,用于近身格斗。此刀为秘鲁中央银行附属博物馆收藏。

那么有没有一种可能,是中国龙的古文物遗落在海外呢?

这可不是中国人自视甚高、妄自尊大。鸦片战争前后,大量的国宝流失海外,从圆明园被劫掠,到敦煌文物遗失,甚或有为保全自己的清朝遗老遗少贩卖国之重器的事件发生,皆是有迹可循的历史隐痛。失落的中国龙文物中,最引发关注的不得不提在日本的《六龙图》。这是南宋陈容的画作,纵440.7厘米,横34.3厘米。这幅画,初看是一条龙,但细品却能够发现里面有六条龙。宋代之后该画就成了皇家的官方典藏品,在乾隆时期更是成了皇家最珍贵的几件藏品之一。《六龙图》曾收藏在乾隆皇帝的御书房，后经颁赐又进入了恭王府。清朝晚期，此画被卖给日本古董商人山中定次郎，并被带去了日本，为藤田美术馆所收藏。2017年，此画又以4350万美元拍卖落锤，不知收入谁家囊中。

而在美国大都会博物馆的白瓷双龙尊也是一款典型的中国龙饰文物。这件是唐代作品，高51厘米。两条细龙，伸长脖子在瓶口处探头，做汲水之状，十分生动有趣。整个白瓷瓶端庄大气，瓶身没有任何装饰，自带光芒。

中国人对与龙有关的文物有天然的敏感，所以秘鲁的"龙刀"一亮相，有质疑也是情理之中。不过这款龙刀作为莫切文化时期的一个表征，也在自证着身世和源头。

在安第斯文明的脉络中，莫切文化是其发展中期，因其发源地莫切河谷而得名。公元6世纪，莫切人占据了秘鲁西北部沿海地区一块偏远沙漠地带，即今秘鲁拉利伯塔德大区，这是世界上最干燥的地区之一，被地质学家称为"超干沙漠"。莫切文化是秘鲁北部沿海最辉煌的文化之一，被誉为安第斯地区"古典语言盛开的花朵"。

横向来看，莫切文化时期相当于中国的魏晋南北朝时期。说来也有惊人的巧合，那时的中国也在寻找长生不老药的路途上，苦炼丹药，在金属研究与冶炼技术上获得重大进展。晋代的狐刚子还撰写过《出金矿图录》，对金、银的性状、地质分布、寻矿采集、冶炼工艺等均进行了实地考察和深入研究，表明那时我国金银地质学、冶金学所达到的先进水平，其中"作炼锡灰坯炉法"（即"吹灰法"），就是古代冶炼贵金属的原始形式。而几乎同一时期的莫切人也精通金矿石的特性，他们在河床中淘金，熟练掌握金属冶炼技术，擅长捶打、焊接和镶嵌宝石，并在铜合金的饰品上使用镀金的技术。

既然是各开各灶，各煮各饭，那么，为什么中国和南美对龙的造型有着惊人相似的想象，而且是在那些文化交流并不畅通的年代里。科学或许能提供某种可能，那就是：龙并不单纯是想象之物。在地球古老的大地上，曾有一星半点的痕迹，让古今中外的人们，都有了"英雄所见略同"般的想象和艺术情思。

在自然界，已经灭绝的恐龙是真实存在过的。恐龙是生活在2.3亿年前的动物，1841年，英国科学家理查德·欧文在研究几块样子像蜥蜴骨头的化石时，认为它们是某种史前动物留下来的，并命名为恐龙，意思是"恐怖的蜥蜴"。

恐龙的化石遗迹在全世界范围都有发现，比较著名的有南美洲巴西、委内瑞拉和圭亚那，德国索伦霍芬采石场，美国怀俄明州的科摩断崖，蒙古戈壁沙漠的火焰崖，中国的云南、四川等地，和中国龙的形象相去较远。不过，1996年中国贵州安顺市关岭县新铺乡出土的恐龙化石，使得不少人对于龙是否想象之物有了新的看法。该化石上有着明显的龙角，龙角是从头部的最宽处左右两边长出来的，双角对称，长约0.27米，略显弧形。这对"龙角"在龙头上翘出，显得格外醒目，和神话艺术中的龙角十分相似。

古人到底有没有见过恐龙化石？在那时科技并不先进的时代，中国和南美的人类是如何获得一致的想象的？这至今没有确切的证据，但多少证明了一点，龙的传人，并非中国独有。

南美洲拥有"龙刀"这样的兵器，理论上讲，并非独具。毕竟这不是艺术品，没必要获得"只此孤品"的艺术争霸之心。在莫切时代，冶金技术十分成熟，必然是大量铸造贵重物品。这款龙刀应当有一定数量。而且将龙这种动物雕刻在兵器上，必然是信奉其权贵和威力，那么在莫切文化时期，龙的地位应该是举足轻重的，就像安第斯文明其他历史时期用蟾蜍、羊驼等做装饰的陶器一样，是期望能够凝聚某种神力的。人们相信这种神力可以护佑、加持自己。

不过这款"龙刀"上的龙显然比较接近西方的认知，外形倾向于蜥蜴，而不是像中国的游龙一样修长、俊美。

但不管怎样，南美洲的"龙刀"来到中国"走亲访友"，这既是一门秘辛，也是一门趣事。

# 生肖铜镜的照拂

四神八卦十二生肖

良辰佳景,执一面生肖铜镜,照见万事顺遂,岂不妙哉?

古人制造铜镜时,大概也是这么想的吧。岁末年初、结婚生子、金榜题名、升迁朝贺……送的东西那么多,有什么能比得上美好的祝愿呢?一面寓意丛生的生肖铜镜,寄托了多少美好的表达。

⋘

　　良辰佳景，执一面生肖铜镜，照见万事顺遂，岂不妙哉？

　　古人制造铜镜时，大概也是这么想的吧。岁末年初、结婚生子、金榜题名、升迁朝贺……送的东西那么多，有什么能比得上美好的祝愿呢？一面寓意丛生的生肖铜镜，寄托了多少美好的表达。

　　重庆中国三峡博物馆里，有几面生肖铜镜，饶有意味。

　　顾名思义，生肖铜镜必定是在镜子背后刻画有生肖。通常生肖铜镜会将十二生肖全都刻画其中，而有的会加入更加复杂的含义，比如引入周易八卦之像，取其辟邪之意。单独以生肖为主题的铜镜，在镜面旁、镜背加以纹饰，主要流行于隋、初唐年间。说生肖，就生肖。眼前这枚隋代的十二生肖铜镜，标准圆形，镜钮为伏兽钮，内区饰缠枝花卉纹，外区划分为十二个等分格子，分别有鼠、牛、兔等十二生肖，形象逼真，在生肖之外，又有三角锯齿纹。不管你是子丑寅卯，手持这样的镜子，都有心满意足之乐。祥福环绕，不论男女老少，照面皆宜。

　　这样的生肖题材主题很明确，但瞅久了也不免单调，

隋代十二生肖铜镜
（此两款为重庆中国三峡博物馆藏）

五代十国"武德军作院罗真造"
铭文八卦十二生肖铜镜

所以在生肖铜镜上，又有了更复杂的表达。一款五代十国时期的四神八卦十二生肖铜镜，在美术和文化含义上都叠加了更多的意义。此铜镜中心为伏兽钮，钮外装饰有四个神兽，即青龙、白虎、朱雀、玄武。在此之外一分为三区。一区是八卦纹，周易八卦中的象征天、地、雷、风、水、火、山、泽八种自然现象的卦，在周易中这是自然界和人类社会一切现象的根源。八卦最初是上古人们记事的符号，后被用为卜筮符号，古代常用八卦图作为除凶避灾的图案。二区为十二生肖纹，三区为卷草纹。

这种以四神和生肖为主题纹饰的铜镜，最早出现于隋代，流行于晚唐至金代，明代也有少量发现，被认为具有趋吉避凶的力量。

另外，还有一款有青铜霉斑的"武德军作院罗真造"铭文八卦十二生肖铜镜，引人注目。该铜镜圆钮，花瓣纹钮座，外分为三区：内区修饰八卦纹，其间有"武德军作院罗真造"八字铭文，中区为生肖图案，外区为缠枝花卉纹。

"武德军作院"为五代时期前蜀政权官方经营的手工作坊,由于这个历史阶段时间比较短,所以该铜镜就更显珍贵,是研究五代十国时期川渝地区手工业作坊的珍贵文物资料。

铜镜,其实是我国古代青铜器中一种非常重要的日常生活用品,也常作为墓葬中的随葬品。它本是古代照面的用具,后来又演变成道教中的重要法器。由于铜镜的形制、纹饰、铭文等具有较明显的时代特征,因此,考古学上一直将铜镜作为重要的断代史研究器物。流连中国各地小城会发现,如泸州博物馆、汉中博物馆都有情趣盎然的各种古代铜镜,让人大开眼界。

《太平广记·王度》中记载了一则奇事,说隋代山西汾阳有一人,称阴侯生,是天下奇士。王度非常敬重他,常以师长的礼遇对待他。阴侯生临终前,赠给王度一面古镜,并告诫他:"持此则百邪远人。"王度接受了这

五代十国方形铜镜(重庆中国三峡博物馆藏)

个宝贝，非常喜欢并珍藏起来。这究竟是个什么宝镜呢？《太平广记》中描述，其"横径八寸，鼻作麒麟蹲伏之象，绕鼻列四方，龟龙凤虎，依方陈布。四方外又设八卦，卦外置十二辰位，而具畜焉。辰畜之外，又置二十四字，周绕轮廓，文体似隶，点画无缺，而非字书所有也"。

巧合的是，笔者在重庆中国三峡博物馆里发现一枚铜镜，与此描述极为相似。这是一枚方形铜镜，名为四神八卦十二生肖方形铜镜，是五代十国时期的文物。中间为伏兽钮，有青龙、白虎、朱雀、玄武相伴，其外是八卦图，用四方形围着。再外一圈是十二生肖，在生肖之外，是二十四字，看起来像隶书。至于这外圈的二十四字究竟是什么字，尚待考证，有人认为是象征二十四节气的文字，也有人认为是道教秘符的讳字。

以铜为镜，可以正身。十二生肖装饰在铜镜背后，可以说送任何人都合适，总有一个属相是属于你的，赋予美好，祝愿安泰康健，质朴而温馨。有属相神仙加持，说不定还能如虎添翼，皆大欢喜呢。

迄今为止，我国最早的铜镜出土于四千多年前的青海齐家文化遗址。之后，铜镜历经西周、春秋、战国、秦、汉、三国两晋南北朝，至隋唐时达到鼎盛，宋元以后日趋衰退，直至清代中晚期为玻璃所替代。

尽管如此，在市面上仍旧能收到民国时期的铜镜。因为玻璃技术的盛行，这时的铜镜其实更多是一种装饰，极具仿古意趣。不过，当一枚一元硬币大小的民国铜镜映入眼帘时，我还是吃了一惊。这枚小铜镜背后的图案已经模糊，只分为两个区，内区为铭文，看不清字迹，外区是十二生肖，比较粗糙和简单，远不如隋唐和五代时期的技艺精湛。这样的铜镜大概也是民国好事者仿古之作，游戏或娱乐一下，并没有什么市场，又或者根本就是要做几个赝品，换点钱。不过在今天看来，民国时期的铜镜多少也刷了下存在感，彼时的人以此仿古慕古，虽不系统、不严谨，倒也算真挚。

CHAPTER FIVE

## 第五章
# 小技艺大美丽

# 贵贱忍冬

布满忍冬纹的北魏石雕柱础

南北朝时期一些重要的文物上，经常会出现忍冬花样的纹饰。小到铜镜、花瓶、瓦罐，大到石器及一些建筑建材，稍加留意，都能看见。

南北朝时期一些重要的文物上，经常会出现忍冬花样的纹饰。小到铜镜、花瓶、瓦罐，大到石器及一些建筑建材，稍加留意，都能看见。

忍冬的出现虽然没有莲花那样惊艳得不可忽略，但上镜率高，也足以使人对这个配角经久难忘。莲花和忍冬就好像某个要职上的AB角，有时候只需要莲花，有时候则是共同出现。虽然都是花，但是现实生活中的莲花实在是惊艳异常，文人墨客将大量的赞美献给莲花，"出淤泥而不染"，让整个夏天都充满了莲花高洁的气象。莲花在佛教中更被赋予"净土"之意，更是平添了一丝超凡入圣的意味。而忍冬呢，与"中通外直、不蔓不枝"的莲花不同，花型如针，在植物群中以小而密集的形象出现，在古代器皿中，忍冬的写实画自然也是集体照，犹如一针一线循环往复。同样是充满宗教意味的植物，忍冬则显示出了一种密集之美，卑微是卑微，"人多力量大"的作用却是真真正正发挥了。

有些文物上，莲花与忍冬是珠联璧合的关系，比如山西博物院馆藏的青绿釉莲瓣纹灯。青绿釉莲瓣纹灯出土于太原市王郭村娄睿墓，墓葬主人娄睿为北齐鲜卑望族，封东安王,曾任大司马、太尉、太师,兼录尚书事、并省尚书令。灯具整体分为底座、长柄和灯盏三部分。底座装饰有莲花纹和联珠纹,其长柄纹饰就是由忍冬纹和仰莲纹组成,灯盏装饰也有忍冬纹,以及仰莲纹、联珠纹和月牙宝珠组合图案。

辨认忍冬纹需要一些常识,其线条短促,丝丝缕缕向上攀缘,从形到意都具有象征意义。如果不熟悉佛教相关意义,常常会忽略它,而认为只是一些线条而已,但如果熟悉一二文物历史,便可确认,这与莲花纹路相伴的攀缘线条,应为忍冬纹。

其实忍冬就是金银花,"金银花"一名出自《本草纲目》。夏季里,人们常用金银花泡水来消暑解渴,中药里也会用它来清除湿热。由于忍冬花初开为白色,后转为黄色,因此得名金银花。又因为一蒂二花,两条花蕊探在外,成双成对,形影不离,状如雄雌相伴,又似鸳鸯对舞,故又有鸳鸯藤之称。忍冬之名大概取其耐寒本性。

金银花在我们生活中十分常见,因其生命力旺盛,又被老人们目为"低贱";金银花在北美洲被视为杂草,因为无法根除,还抢夺其他植物的土地膏腴。这也变相证明了这"低贱"又繁茂的生命力。此低贱并非指地位或品质低下,而是因其生生不息,好养活而来。就是这样一种普遍的植物,在传统文化中,却有极高的地位。在佛教中,忍冬象征着轮回永生、灵魂不灭,正因其生生不息,死了又生,生了又死,生生死死无穷无尽也,故能与莲花的"净土"之意搭配并行。

忍冬纹的流行是在南北朝时期,此时印度佛教在中国史无前例地兴盛起来,"南朝四百八十寺,多少楼台烟雨中",愁肠百结的晚唐诗人,也被眼前的景色唤起了这段与佛教相关的历史记忆,从而生发轮回往复的兴亡之叹。也正是在南北朝时期,化用西域文化的忍冬纹也越来越多地进入中国的物质世界、审美空间,大量出现在佛寺壁画、石窟、佛龛以及随葬器物上。

北齐青绿釉莲瓣纹灯
（山西博物院藏）

忍冬纹在佛教中的使用：北齐（550—577）弟子立像（河北省邯郸市临漳县习文镇北吴庄佛像埋藏坑出土）

在建筑中，用美术的形式来强化灵魂永恒的宗教观念，就是宗教神话与教诲的一种外化。比如在山西省大同市石家寨村司马金龙墓出土的一件石雕柱础，其工艺精美，保存优良，很难让人相信这是北魏太和八年（484）的物品，似乎风雨从未沾染过它，线条纹路清晰无尘，几无磨损。石雕柱础上有几名伎乐童子，有明显的胡人特征，且分别做击鼓、弹琵琶、吹觱篥等姿态，所弹奏的乐器带有西域风格。这件墓中的石雕柱础底座上就刻有清晰的忍冬纹，正取其灵魂不灭、轮回永生之意。

其实，关于灵魂不灭这一观点，古希腊哲学家苏格拉底也举双手赞成。在柏拉图的《斐多篇》中，柏拉图就记录了老师苏格拉底的一次辩论。苏格拉底用数学和逻辑学的方式论证灵魂不灭，其推理严谨，步步为营，让人感叹他智力超群的同时，也对数学这类科学心怀敬意。苏格拉底式的灵魂论虽然与宗教得出了同一答案，但解答方式却迥然有别，后者以教化和神话的方式来宣扬灵魂不灭，苏格拉底则用科学证明来令人信服。

南北朝时期密集出现的青瓷莲花尊，罕见又珍贵。莲花是古代陶瓷常见的装饰纹样。河北、山西、湖北等地出土了不少大同小异的莲花尊，形制相似，在细节上又各有不同。从目前的考古发现来看，青瓷莲花尊多成对出土于规格较高的墓葬中，装饰有飞天、莲花、忍冬、菩提叶等与佛教相关的纹饰。比如河北省景县封氏墓出土的两款青瓷仰覆莲花尊，一款藏于故宫博物院，另一款藏于中国国家博物馆；湖北省武汉市江夏区钵盂山出土的青瓷莲花尊，现藏于湖北省博物馆……这些可能为上层贵族的礼佛用器，其高大、富贵、庄严、繁复的形态，蕴含着对死亡的尊重和对再生的敬意。

这些器物中尤为值得一提的是南京东郊麒麟门外灵山南朝梁墓出土的

阴刻忍冬纹

有忍冬纹的元代錾花金托盏（大同市博物馆藏）

青瓷莲花尊。尊高85厘米,口径21厘米,底径20.8厘米,可谓巨型。[①]尊盖为僧帽形,盖顶有方形钮,四周为三角形锯齿状的变形莲瓣。装饰分为三段,上段贴附五个飞天,中部堆塑有六个人物,形态统一为一腿前伸,一腿后屈,下部贴附对称的二龙戏珠,以及忍冬、莲花纹。

在这些尊贵的器物中,与大放异彩的莲花不同,忍冬沉默而顽固地待在属于自己的一方天地里。

到了隋朝,忍冬的写实性慢慢减弱,图形和线条开始偏向概括和抽象,唐代以后,忍冬纹逐渐被缠枝卷藤的卷枝纹代替,以波状的线条和切圆线相组合,并向两个相反的方向波卷,表现为"S"形连续的纹样,多为瓷器的辅助纹饰。清朝乃至现代使用的青花瓷碗、彩绘瓷碗,乃至盘、碗、瓶、壶、杯、炉、洗等器物上,就只能看到这种倒"S"形连续的纹样了。

如果不清楚这段历史,有多少人会知道,这种手拉手式的倒"S"形装饰纹,竟然是忍冬纹的"曾孙"呢。

不知道今天当我们手执一杯金银花水时,会不会想到,这种普通得不能再普通的花,竟然被佛教赋予了非凡任务。好像你随手使唤的一个小丫头,竟然是换了素衣的王宫命妇。金银花,既是苦口良药,也被清代诗人王夫之赋予了难舍的意境:"金虎胎含素,黄银瑞出云。参差随意染,深浅一香薰。雾鬓欹难整,烟鬟翠不分。无惭高士韵,赖有暗香闻。"普通即伟大,金银花,哦,忍冬,大概算是一个典型了。在作为装饰纹样的使命基本宣告结束后,忍冬又一次找到了自己的位置,这也是一种"轮回永生,灵魂不灭"吧。

---

[①] 南京市博物总馆提供

CHAPTER SIX

第六章

**天地玄黄**

# 严肃的狂欢

奇穆黑色双室瓶

提到狂欢，人们脑海中不由自主地会浮现出大聚会、酒池肉林、毫无节制的画面。这要归功于现代媒介，总是把狂欢标语和这一类的海报、视频"拉郎配"，并美其名曰：哪怕是古希腊的众神，狂欢时也莫不如是。

提到狂欢，人们脑海中不由自主地会浮现街头聚会、酒池肉林、毫无节制的画面。这要归功于现代媒介，总是把狂欢标语和这一类的海报、视频"拉郎配"，并美其名曰：哪怕是古希腊的众神，狂欢时也莫不如是。百货商家、餐馆酒肆也会趁机凑热闹，要释放自我，要买买买，于是乎管他符不符合国情，圣诞狂欢夜、情人节狂欢派对、盛夏嘉年华等一拥而上。乃至好几十年里，迷恋追求波西米亚风格的生活方式的小团体，也会时不时搞出些睡衣狂欢PARTY、诗歌狂欢夜、旗袍狂欢趴等，搔首弄姿口吐"文艺"。

于是醉也醉了，闹也闹了，虚无也虚无了，反省也反省了，但是总觉得现代的狂欢少了些什么——狂欢，只是给纵情声色的行为扯一面遮羞布吗？

狂欢，从原始人时代便有之。最早可以追溯到旧石器时代的岩画。中国、印度、意大利、土耳其、伊朗和埃及，这些地方均有表现狂欢的岩石艺术，人们手舞足蹈，庆祝着某种我们已知或未知的事情。

狂欢，有时是自下而上的感染，比如岩画中的狂欢最早可能是为了御寒或御敌，而后渐渐成了一种规则、习俗；有时是自上而下的"控制"，比如《史记·殷本纪》中记载，帝辛"大聚乐戏于沙丘，以酒为池，悬肉为林，使男女倮相逐其间，为长夜之饮"，这种狂欢将饮食男女糅杂在一起，而这过于放纵的狂欢，成为了商纣王骄奢淫逸的典型事例铭刻于一代代中国人脑海中。生死繁育，都是人间大事，也是国家大事。到汉代，有关春节、元宵、七夕狂欢的文献著述更多，细读下来，无不是充满了"普天之下，莫非王土；率土之滨，莫非王臣"的政治意义。

从考古遗址中走来的雕塑，更加佐证了我们对严肃狂欢对立统一的思考。猪羊犬马、乐器酒瓶皆备的宏大又精致的祭祀场景显然是需要严肃准备的，但这不影响画面中的人物从眼神到肢体语言活灵活现、狂欢元素应有尽有。他们手舞足蹈，他们叩天问地，严肃发自内心，快乐犹如天然。

最有声望的要数 1955—1960 年出土于云南省昆明市晋宁区石寨山的青铜贮贝器。它是用来贮藏当时作为"国际流通货币"的海贝的罐子，类似于存钱罐。这件贮贝器引人注目的地方在于它盖上的诅盟场面。此诅盟场面青铜贮贝器高 51 厘米，盖径 32 厘米，底径 29.7 厘米，是西汉时期的作品。盖子上，活灵活现地记录了一次古滇人祭祀的狂欢场面。顶盖上铸有 52 个人物、一头猪和一只犬，中央立有一对蛇盘绕的圆柱，柱顶立一只虎。柱右和柱前是三个或被双臂反绑、或戴枷锁的裸体人，当为用来祭祀的牺牲。坐在祭祀台上的是古滇国能力超群的女巫，她手拿鸡卜卦，口中念念有词。在她不远处，一个个被捆绑的活人作为祭品即将被杀害。众多参与祭祀的人神态各异，或垂手、或抱肘，其中不仅有或立或跪即将受刑的奴隶，还有刽子手与押送奴隶的官吏。在祭祀建筑后面还放着两面巨大的铜鼓。

这祭祀的场面虽然血腥，却是从上至下的狂欢，这广场犹如一个热闹的集市，把全国各地的人都聚集在了一起，人神共乐。除了祭祀，这也是

诅盟场面青铜贮贝器（云南省博物馆供图）

商品流通交易的吉时：从雕塑上能看到，商贩们有的高鼻深目，有的蓄着长胡子，有的耳挂大环，有的头上顶着箩筐，还有牵着牛马驮着货物赶来的。人们从四面八方来参与这次祭祀，来互通有无，美酒美食，尽享其中，对他们来说这一定是个好日子。

古滇国是一个与西汉王朝同时存在的少数民族国家，在晋代的地方志名著《华阳国志》中就记载了古滇国的风俗："其俗征巫鬼，好诅盟……官常以诅盟要之"[①]。凡有大事，古滇人都要设立祭坛，供奉祭品，举行盛大的典礼，是为诅盟。

---

① 《华阳国志》（校注修订版 [晋]常璩 著／刘琳 校注） 成都时代出版社第188—189页

这是最传统、最严肃的狂欢,敬天,敬地,敬众生。古滇国位于我国的大西南,它本就是一个多民族国家,在周边的少数民族国家中享有声望,在祭祀的日子里,除了本地的滇国人,还有大夏人、三苗人来此地瞻仰威仪,寻找某种契机。

古代狂欢的雕塑类文物并不多,因此显得珍贵,诅盟场面青铜贮贝器现藏于中国国家博物馆。不过在国外,也有类似狂欢场面的文物。

在遥远的南美洲,安第斯文明遗址中,出土了一件奇穆文化时期(900—1470 年)的双室黑陶瓶。整体高 19.8 厘米,长 27 厘米,宽 14 厘米。[②]这个黑陶瓶分为两个部分,正面是一个水壶,背面是一座祭祀台。中间由一条弯曲的柳叶状的陶片连接。后面祭祀台底部有一个立方体基石,基石上站满了狂欢的各色人等,拿着打击乐器摇铃的,拍手鼓的,举手喝彩晃动身体的……地上还摆放着几个或立或倒的酒罐,有一个坐着的人正在捣弄酒瓶。这些人硕大的眼睛圆瞪着,散发出兴奋的光芒。载歌载舞的情形十分生动,愉悦。

奇穆黑色双室瓶(拉鲁克博物馆藏)

---

[②] 重庆中国三峡博物馆展览《失落的黄金国:安第斯文明特展》时提供数据

而他们所面向的却是一个比他们都要高大的人物,此人双手反束,头上戴着新月形饰品,绑在那块柳叶形石条上,仿佛正在接受命运的安排或是即将到来的神圣仪式。观者不禁会猜测,这是在祭祀狂欢吗?这个被缚的人是牺牲品吗?为何他的眼神也充满着兴奋的光芒?不过也有可能这位高大者是已故祖先的尸体。保存已故祖先的尸体并定期祭拜在奇穆文化中是非常重要的活动,他们认为这样可以为生者带来福祉。

这幅充满异域风情的场景像极了动画片《阿凡提》中的集市场景,活泼、快乐,开各种玩笑不设禁忌,也不伤大雅,他们放下生活所有的重担,说完"真主保佑",便大快朵颐。

此物现由位于秘鲁的拉鲁克博物馆收藏,因为2020年来到中国山西、天津、重庆等地巡回展览,才让国人大开眼界。

从这祭祀狂欢时刻的双室黑陶瓶中,回望奇穆文化,也是十分璀璨。奇穆人的首都昌昌古城位于秘鲁北部特鲁希略市西北郊4千米的沙漠地区,占地36平方千米。"昌昌"在奇穆语中代表太阳的意思。全盛时期昌昌拥有7—10万居民,是西班牙殖民者到来之前安第斯地区最重要的城市之一。[3] 奇穆国王以最高神明的代表自居,王室里的侍从分工精细,有伺候洗澡的"侍浴"、吹海螺号角的"司晨"、负责出行的"司马"、在国王必经之路铺洒海贝粉的"礼官"等。奇穆社会中同一行业的工匠毗邻而居。考古挖掘发现在同一个家庭中会同时进行金属加工和纺织,因此家庭中的男女都可能是工匠。奇穆人在手工艺上完备、优良,双室黑陶瓶,只是奇穆文化时期无数精良陶瓶中的一个。但奇穆社会等级森严,工匠居住在矮小的房屋中,居住区四周被篱笆墙围住,不能改变其职业。工匠们所生产的产品除了供贵族阶层使用,还互相销售,又或者供居住在古城及周边地区的

---

[3] 《失落的黄金国:安第斯文明特展》提供数据

平民使用。他们可以参与这样的狂欢吗？或者是只能看着？我不禁思考。

古往今来，从墓地中走出来的狂欢雕塑着实不多。这两款代表中西文明的祭祀狂欢雕塑，有某种相似。中国的是用来装货币的，秘鲁的是用来装水的。狂欢的人和神灵在这些实用性较强的容器上，是副歌，是烘托，也是提炼和升华。因为这些容器都和人类的性命与生活质量有关，把祭祀的深远之意加在这日常器物上，文物便格外有了深意和能量。

狂欢，并不是单纯的消遣、娱乐，它严肃、庄重，是在此刻等着见证神的意旨；它是外在的恩赐，是人类值得争取的面包和自由。

# 给我头盔

清末引进消防头盔

⋘

　　火,开启了人类文明,但也随之伴生了巨大的灾难。人类一直在更好地利用火与防范火灾之间进行着努力。

　　早在周朝,中国就设置了"火政"官员,如宫正、司烜、司爟等,以官制的方式,对火灾进行防范和提醒,并对纵火者进行法律处罚。《周礼》有载,"凡国失火,野焚莱,则有刑罚焉。"只言片语,可见国家的重视,只是那时防范措施比较简单,只能用刑罚震慑和亡羊补牢;到了汉朝,有了"都亭"这样的消防机构;唐朝时,称这样的消防机构为"武候铺",分布在各个城市,皮袋、溅筒等消防器具虽然出现了,但在今天看来,仍是比较单薄。《通典》中记录了皮袋、溅筒及其惯常的使用方法——"敌若纵火焚楼堞,以粗竹长一丈,锼去节,以生薄皮合缝为袋,贮水三四石,将筒置于袋内,急缚如溅筒,令壮士三五人撮水口,急蹙之救火。"整个消防过程被记录得有声有色,大概想作为一项佳绩,希望后世效仿。

　　清代时,消防组织更加完善,北京紫禁城内有专门负责救火的八旗兵驻守,民间也有了救火会、水龙局等消防机构。达官贵人家中多设置有水缸,以备火患发生时,取之即用。

2020年春天，重庆的山城巷光影斑驳，巷子里的仁爱堂教堂，一场西式的"百年消防头盔展"揭开了消防历史的现代化进程和革新之旅。

消防头盔在我国古代固然是有的，但不太牢固结实，竹编的居多，就像在影视剧里看见的那样，官兵们头顶斗笠状的竹官帽，拿着"水龙"，奋不顾身灭火。殊不知，那时的欧洲国家已经全面推广全铜或全钢制作的消防帽了。直到清朝末期，中国才开始引进、仿制西欧的消防头盔。

纵观欧洲早期的消防帽，英气逼人，简直可作为艺术品来收藏。仔细观察辨认，可发现今日社会中广泛应用的消防头盔，其设计源于欧洲法国。现代的消防头盔，虽然盔壳、面罩、披肩、缓冲层等一应俱全，较之过去更为灵活、防腐蚀、防热辐射等设计与构造，让消防员更具舒适感。但是那种极具皇家气派的庄严"面相"却在淡化。

两三百年前的消防帽看上去更漂亮，也更威武，谁戴上它都有一种战无不胜的气质。

1822年的一款法式消防头盔，全铜工艺，金黄色，有七八斤重，从头盔侧面看顶部有螺旋状装饰物，其下是银质装饰物，在球形面罩和银质装饰物之间用螺栓加以固定，后颈有遮挡，边缘有装饰绒毛，正面有圈带，头盔内有盾纹装饰。颈子处有蔷薇花边帽带，在固定螺栓处，将扣带扣好，一顶气势不凡的消防头盔便佩戴完毕了。

这种在欧洲流行了几百年的消防头盔，其实戴上去并不舒服，首先是重量大、负重感强，其次隔热效果并不佳，远远不如今天看上去普通至极的红色或黄色塑料消防帽。

火灾年年有，事故处处防。欧洲消防队员作为组织出现，最早是在1518年。[1] 不过直到1720年，一个名叫罗莱的人，用皮毡材料，手工缝制

---

[1] 《尊严与荣耀：百年消防头盔展》提供数据

了第一个消防员用的帽子，比起保护用途，更多是作为一种标志与象征，这才正式开启了西方消防帽的历史。在火灾现场，垮塌随时在发生，冒着生命危险去救人救物的消防战士，自我的安全意识必不可少，所以过了一段时间，在这种帽子的基础上，又加装了一个金属的网格来加固，随后渐渐地演变成一个铁制的外壳，帽子前沿还附有一个同样是铁制的铭牌。

1765年，巴黎消防队正式使用铜制的骑兵头盔，这时期的头盔已经带有鸡冠和三朵百合花纹装饰的帽徽，但是没有帽舌。此后的消防帽采用全铜制作，后来发展成全钢制作，在事故现场，属实显得有些笨重，但考虑到对坠物的防御，强度高的金属自然也成为首选材料。

法国人喜欢看戏剧，然而歌舞升平的巴黎歌剧院，运气不好，1781年的一场大火，让全国震惊。此次事件也推进了消防指挥系统和消防供水系统的发展。此次事故以后，每逢有演出，巴黎消防队都必须到剧场进行保卫工作。当时的巴黎消防队指挥官德尼·穆拉发明了一套装在戏院中的消防供水系统。这个系统包括一个深4.3米的蓄水池，由它向泵浦供水，而从泵浦通向大厅处，技术员设置了用铜制成的管子，并向其加压供水。在这个铜管子的尽头，装有一个螺帽接口，并套着一个皮制的管子，在末尾处则装上水枪。这套系统被安装在巴黎歌剧院内，获得了良好的效果，成了室内消火栓的原型。此事八年后，法国大革命爆发，新生政权得势后，一系列让人猝不及防的变革中有一项不那么起眼的小改变：消防头盔的外形进行了改革，即帽舌的加入。帽舌的存在，可以很好地遮挡面部以免受伤，不过，这样阻碍了人在运动中的灵活性，特别是眼睛的视线和头的活动度。

1811年，拿破仑创建了第一支军事编制的消防部队，隶属陆军编制。第二年，消防头盔的外形有了明显变化，装载了可以活动的舌帽和马鬃，显得较为灵活。根据场合变化来造型，并且方便清洗、保养。

革新很快又到来了。1822年，巴黎消防队的头盔有了历史性变化，作

19世纪法国女性消防队员　　　　1840法国消防头盔

为消防队的专用盔，装上了可以活动的双重舌帽。这一款消防帽，纯铜镀金打造，头顶有黑色马鬃和红羽毛，搭配漂亮，在正前方雕刻有植物草叶纹，一周的帽檐则是鱼鳞纹，这让士兵们戴上它后显得更加庄严威猛。就像普通的军服和仪仗队服的区别一样，消防部队的装扮一种是用于防火防灾实践，一种是用来"扬我威仪"的。在德国、法国等欧洲国家，消防部队平日里也兼顾仪仗队职责，所以头盔上装饰用的马鬃就显得非常必要。此时的法国还有女性消防队员，不过她们更多地充当啦啦队，她们会身挎一个小木桶，随时为消防队员们提供可口的饮品。

1840年制的一款全铜材质的法国消防头盔，让人眼前一亮。前部雕刻有一只引吭高歌的雄鸡，足踏象征地球的圆形球体，雄鸡两侧是象征丰收的麦穗和葡萄及草叶。1850年，法国巴黎消防队员头戴的铜盔上有一个凸出的弯条型空室，对上面掉下来的物体，能起到减压的作用。

不过到了1855年，头盔又进行了一些改进，取消了可以活动的帽舌，以及装饰的翎毛。这一年,巴黎消防队正式使用后来称之为"1855式"消防头盔。这种头盔引起了欧洲其他很多国家的兴趣而普遍关注。英国伦敦消防队长官休斯一直对巴黎消防队的组织形式和器材装备感兴趣。他在1871年仿造巴黎"1855式"消防头盔,供自己的消防队使用。这种头盔一直使用到1940年,并在以澳大利亚为首的英国自治领、殖民地等处广泛采用。到1885年,法国对原有的头盔又做了小小的改动,缩小了铜制头盔的尺寸,使其功能更为完备。

同样身居欧洲,德国人却偏向谨慎和复古,这特点在消防帽中时有体现。

1880年的一款德国的皮制消防帽显得简约而仿古。牛皮制作的黑色圆形帽,没有宽大的帽檐,看上去刚好适合头部。顶部是十字形的螺栓装置,前部是两把斧头交叉,压在一束花环上,而两把斧头之间是一顶消防帽侧面的徽章像。

而同一年出炉的全铜制的英国消防帽,显得刚硬、冰冷。消防帽的前

1880 德国皮制消防帽　　　　1880 英国消防帽

清末引进消防头盔（正面）　　清末引进消防头盔（侧面）

端雕刻着一个硕大的星状徽章。顶部也是铜制的，呈鸡冠状。

那时正值中国清朝末年，西学东渐之风日盛，近代化的星星之火正在燎原，西方先进的消防头盔自然得到了引进。清政府在法国定制的一款头盔也在展览中亮相，全铜制作，不过在前端是一个盾形标志，上有"救火会"三字，呈等边三角形排列。"上行下亦效"矣，19世纪末，中国上海消防队也开始在法国定制头盔。全铜制的头盔替代了竹编头盔，在耐用性上着实增强了。

消防帽的历史不长，也就三百多年，作为消防器材的一种，其工艺的不断革新，是社会现代进程的一个标志，而消防系统的全面提升，也在这几百年得以快速完成。

随着科学技术的发展，老式头盔的防护力和适应性已不能适应现代消防工作的需要。因此，许多国家研制了新式复合材料头盔。

1984年11月，中国研制生产的新型消防头盔，帽壳采用单筋陪衬式，用聚碳酸酯注塑成型，内腔宽敞丰满，前额呈"八"字形，既可增强帽壳刚性、提高抗冲击性能，又可减轻重量。有的帽壳上还贴有荧光识别标志，便于消防员在夜间或黑暗环境中互相寻找和联络。

追溯历史，消防帽在欧洲国家和在中国各历史时期上的不同制式，也可以看出各自对火灾的科学重视度。欧洲国家把火灾视为一场战争，如临大敌，不可等闲视之，所以在配置上，消防人员的装备和陆军战士一样，得到了应有的重视。而中国在现代以前，或许觉得火灾只要扑灭就好了，远远不像征战沙场，讲究战略战术，在装备上不需要震慑对方、扬我武威，自然也就"马虎"了不少。中国青铜和铁的铸造水平是相当不错的，也有许多的器物遗存，自然也包括盔甲，然而在消防中并没有大量引入铜、铁，可见还是重视度不够。

不过今天，消防队员的装备全球趋同了，消防头盔正在改变他笨重的仪式感，离"英俊、挺拔"越来越远，走向更实用的方向，彩色塑料的消防帽越来越多。但关于消防队员的故事，被搬上屏幕的仍不计其数，他们依然是我们心中的英雄。电影《烈火雄心》中，生死关头一句"把头盔给我妈"，触到多少观众的泪点。电影《十万火急》《逃出生天》《救火员》等，从大火中归来的英雄，更燃起大众无限的敬仰。

当然，虽有英雄之誉送给他们，但相对其他兵种，如海军、空军，人们总是更难以将英俊、高大等富有男性魅力的词汇与消防员挂上钩。确实，他们单色的消防队服、笨重繁复的消防头盔模糊了身体曲线，远看近看都更像一只只熊，你期待着他们凯旋，却看不清他们个体的面容。然而，回望这些漂亮的、威风凛凛的消防头盔，上面承载的辉煌的、跌宕的过往，又扑面而来。它的每一次变迁，都承载了彼时的时代背景与历史特征，与自然之力抗衡，也正是这些头盔背后的精神所在，亦是科技进步之所在。

# 寻古小田溪巴王墓群

涪陵小田溪编钟

涪陵,在如今的重庆,只是一个寻常区域,离重庆主城区驾车哦个小时的车程。但在古代,却是一地名,多半无闻,风头不是《史记》《华阳国志》中的存在话语一地的经政。对于一哥史书来说,一个地名、一段话,甚至一哥个字,是它的荣耀,但却不是都能深入历史的。涪陵曾经的辉煌,是比且的大事砚,迄耳颜失,最是因为涪陵曾经是使的中心、经济中心、它的的巴王和都蒸残疯在这里。

<<<

涪陵，在如今的重庆只是一个行政区域，离重庆主城区需要两个小时的车程，但在古代，却是一地首府，繁华无限，风头十足。《史记》《华阳国志》中均有对涪陵一地的记载。对于一部史书来说，一个地名，一段话，甚至一两个字，就意味非凡，毕竟不是谁都能进入历史的。涪陵曾经的辉煌，足以让人重视，追其源头，那是因为涪陵曾经是政治中心、经济中心，巴国的巴王和都城就在这里。

"涪陵"二字取自"涪水之滨，巴王之陵"，春秋战国时期曾为巴国国都。秦灭巴蜀后，秦昭襄王三十年（前277年）置枳县。顾名思义，撑起整个涪陵历史文化底蕴的代表性遗迹，自然是涪陵小田溪巴王墓群。

2022年7月的一天，当我跟着导航抵达"小田溪巴王墓"时，蒙了，找不到一块石碑。天地茫茫，野草蔓蔓，乌江水在远处奔腾。不过既然导航上有这个地名，我便坚信它的存在。

其实这里是涪陵区白涛街道小田溪村1组，从319国道上一直往下，开到乌江边，就能抵达。其遗址名声浩荡，我曾经在重庆中国三峡博物馆和四川博物院都看见涪陵小田溪巴王墓里出土的器物。

涪陵，曾经是巴人的祖先之地，是古代重庆的 CBD，远超过现在重庆解放碑的地位。

而抵达时，却是一片荒冢，青草蔓生，狗尾巴草湮没了荒弃的农田，远远的是乌江，还有正在修建的楼房。

汽车已无法前行。我只能步行穿过蚊虫肆虐的野草丛，游荡了十余分钟，试图发现蛛丝马迹，但举目所及皆是茫茫草海。好不容易看见一个老太太独自散步，一时恍惚。《西游记》的荒野里，总是会有老太太，看来这并不是《西游记》里杜撰的，而是真实的生活。我问老太太小田溪巴人墓在哪里，她说，没啥可看的，就是一块石碑。我大喜过望，知道自己来对了地方，赶紧追问："告诉我，这块石碑在哪里？"

她摇手一指，还说着东南西北的路线，我已奔跑出去。终于在一群错落相依的农房里，找到了那块石碑——"四川省重点文保单位：小田溪巴王墓群"。但是石碑已经被茂盛的南瓜叶子遮蔽了大半，字迹若隐若现。想来这一大片被农户和他们的各种作物侵占的领地，以及远处的荒芜之地，就曾经是小田溪巴王墓的遗址。

小田溪遗址现状

小田溪遗址石碑

该墓群自1972年首次发掘以来，已经发现了多座具有显著巴文化特征的高规格墓葬，主要属战国时期，因此小田溪被认为是战国时期巴国王陵区。小田溪墓群，狭义上仅仅指小田溪西岸的墓葬，广义上也包括小田溪东岸的陈家嘴遗址及墓葬。小田溪墓群部分属三峡工程淹没区。[①] 2002年9月至12月，重庆市文物考古所对小田溪墓群进行大规模发掘，发掘面积5000平方米，发现并发掘战国墓葬10座，汉代墓葬1座，共出土文物近400件。

这曾是重庆最为轰动的考古事件。

我曾在四川博物院和重庆中国三峡博物馆见过出土文物真迹，最为有名的是战国时期的青铜鸟形尊[②]、虎钮青铜錞于。青铜鸟形尊通体长28厘米、宽16.8厘米、高29厘米。整体呈鸟形，有鱼嘴、鹰喙鼻、兽耳、凤冠、鸽。它被单独存放在玻璃柜中，射灯之下，优美神秘。

虎钮青铜錞于有好几个，形态大同小异，最重的有30公斤，地位显赫。

---

① 重庆市文化遗产研究院提供
② 重庆市文化遗产研究院提供

青铜鸟型尊
（重庆中国三峡博物馆藏）

錞于，亦作錞釪、錞，是我国古代军中的铜制打击乐器。现发现最早的制作于春秋时期，盛行于汉代。《国语·吴语》："鼓丁宁、錞于、振铎。"《周礼·地官·鼓人》："以金錞和鼓。"錞于常与鼓配合，用于战争中指挥进退。郑玄注："錞，錞于也。"《淮南子·兵略训》："两军相当，鼓錞相望。"多用于战阵。《国语·晋语五》："战以錞于，丁宁，儆其民也。"可见，虎钮青铜錞于就是放在架子上，一排排放着的击打型乐器。

这两者都当仁不让地成了重庆中国三峡博物馆的镇馆之宝。美轮美奂，令人叫绝。

此刻站在战国遗址里，前不见古人，后不见来者，思绪不停翻飞，仿佛灵魂和肉体在不停撞击。

荒草不只是荒草，访古之情如白云拥抱江水。

七月，闷热的江边草田，和天空如此接近。当年考古的灰坑已经被填埋，剩下这一片世代相依，又世代更替的农人们还在这里延续着巴人们的生活。

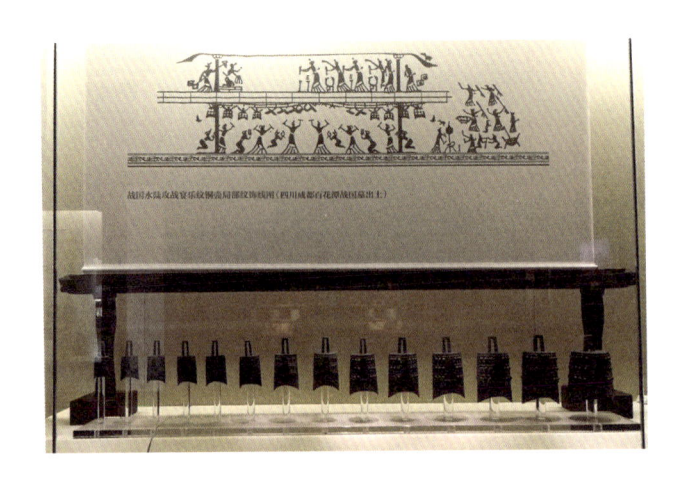

战国水陆攻战宴乐纹铜盖壶纹饰线图（四川成都百花潭战国墓出土）

小田溪出土的编钟

时间已到了傍晚七点半，依然闷热。往回走时看见五六个老人坐在长条凳上，面朝红色夕阳，左一句右一句摇着蒲扇聊着天，像极了那种尚未被打扰的田园牧歌里的一幕，像陶渊明诗歌曾经出现过的两三个词语、一派意境。

我的出现，惊扰到了他们，全都向我狐疑地打量。一只大黄狗跑上前来嗅我的腿。我隐隐感到尴尬，决定离开。

这一片巴人巴王的遗址，已不着当年的痕迹了。

在《华阳国志》中卷一《巴志》里，其中有单独的一节《涪陵郡》，洋洋洒洒，不惜笔墨，如此铺陈："东接巴东，南接武陵，西接牂柯（牁），北接巴郡，土地山险水滩，人多戆勇……县邑阿党，斗讼必死。无桑蚕，少文学，惟出茶、丹、漆、蜜、蜡。汉时赤甲军常取其民，蜀丞相亮亦发其劲卒三千人为连弩士，遂移家汉中。"

当年涪陵郡的地理位置和今天差不多，其风物特产，和今天一提涪陵则是涪陵榨菜的情况不太一致，到今天茶尚在出产，丹只剩下朱砂村这样的地名痕迹,"漆、蜜、蜡"一类的风物则没有再听说了,但从记述中可以想见当时的丰饶。不过当地人个性却远比现在憨直和好战,以至于诸葛亮也忍不住要在当地征兵,整体挪移到汉中安家。

《华阳国志》是我非常喜欢的一本古代地理书,这是我国现存的一部最早的、比较完整的地方志,它记载了4世纪以前今天的四川、云南、贵州三省以及甘肃、陕西、湖北部分地区的历史、地理,有很好的史料价值。除了详实的地理记述,对于当地传说,它也留有一席之地,比如书中说到涪陵的风土人情,还有一句"山有大龟,其甲可卜,其缘可作叉,世号'灵叉'"。神龟占卜,自然和当地的王或世袭贵族相关,否则一个神龟占卜难以成为涪陵乃至巴国的传奇,这有了甲骨文一样的历史色彩,而此事无疑又增加了古中国西南地区的传奇色彩。

在今天的地方志或路书上,这些传奇已听不到,但是作为一本古代地方志,却增添了无尽的趣味,不仅是重庆的趣味,也是中国历史方志的趣味。

我要走了,这一条窄窄的乡村公路,只能将车倒着开,缓缓挪动出他们的视野,再次奔向319国道。

在不少古籍里都有涪陵乌江水的记载,比如《史记》《隋书》《元和志》《舆地纪胜》等。古人云"清吟孤坐思重重",探访到此,探得与探不得都让人思接千载。

# 后记

## 寻古,让我们离智者的世界更近

强 雯

十几年前,我在一个朋友家里看见满地满墙扎堆放置的古代陶俑、瓦当、古砖、青铜器、瓷器,感到很震惊,有如进入了墓葬之中。他随便挑了几个说唱俑出来,解说其时代、形态优劣、风格流变等,有鼻子有眼。他还时常买一些文物鉴赏、国宝鉴赏的"砖头书",并批驳其中的错漏和误判。作为一个民间常人,质疑专家鉴赏,他说得有理有据,绝不盲从。他还时常跑陕西、山西、江西的区县、乡镇,称那里有好朋友,可以互易古玩。他说的话和做过的事,也为我铺陈了从个人视角出发的访古之路。我买来各种墓葬文献,订阅《考古》《文物》等期刊,又向考古界朋友索要文物年刊等,查找资料,并开始热情地"始于足下",有目标地进入四川、重庆、陕西、山西、湖北等地博物馆观摩文物、做笔记、写心得。陶俑、瓷枕、青铜尊、青铜爵、香炉、堆塑罐、碑刻……在我眼前不再是无关之物,它们是"资治通鉴"的另一个渠道。

其实这些都是种子。

后来，我以这位引路人为原型写了一篇小说，发表在 2016 年第 9 期的《人民文学》上，叫《石燕》。那篇小说的背景地放在了三峡巫山。20 世纪八九十年代，是三峡文物出土的繁盛时期，三峡热在那个时代达到高潮，民间故事斑斓芜杂，那时候有很多人去三峡巫山一带捡漏，市场经济的触角在这里生长，也有不少烟火人生，得意、失落、彷徨……贾樟柯导演的电影《三峡好人》，就是那时的真实写照。但我所呈现的是这些当地人与文物的故事，互相纠缠，互为命运。由此，我也洞见了考古博物与文学叙述的互融与边界开拓。

我喜欢寻古访古，其间所需要的求证、辨析、推理，让人获得了更为丰富多元的文明之美、思辨之美。

后来，我将目光放在了更小一级别的地市级、县级文保单位和博物馆，在残碑、石刻上追寻乡野中被人忽略的精品。看得多了，便能在脑海中连贯起一些天南地北的文物，发现其中纵横交织的中华文明史。

比如在重回著名景点乐山大佛，走到了离大佛几千米开外的麻浩崖墓，看见了石棺上的女娲伏羲交尾像。在重庆三峡库区也出土了不少这种石棺画像，这种审美大胆狂野，却没有人去点破，在教条版本里仅仅用"为了繁衍"一笔带过。"死了都要爱"，可不就是说的他们吗？生前对性爱三缄其口，死后却大张旗鼓，这种矛盾体现了地方文化的复杂，中华文明以含蓄著称，男欢女爱的事情只说"行周公之礼"；但在坊间棺材上，这样明确的"性暗示"，让人跌破眼镜。我觉得这是一个被忽略的点，于是就写了一篇古迹之《死了都要爱》。

又比如我在多个博物馆里看到了装灵魂的容器，这种古人用以安放灵魂的墓葬品，造型繁复，十分讲究，在瓶盖上有的搭建戏台，有的是取自民间故事，不一而足。这些稀奇玩意儿，一点点在我脑海里前呼后应起来。

现代人总说"用灵魂去爱""用灵魂去写作""用灵魂去旅行",如此造句显现出一种全身心的投入感,心无旁骛,还特别有情怀。现代人以为自己很浪漫,比古人聪明,但对古代文明了解到一定程度后,才会懂得,古人在某些方面是强过现代人的。"灵魂居所"实则是古人身体力行之事,有文物作为实证。这也是考古成果带来的最大的文明推理之明证。

"灵魂式"并不是新鲜事。古人早就用灵魂在干大事了。

古人可不玩虚的。作为灵魂居所的堆塑罐西汉时就出现,三国时期更是五花八门,重庆中国三峡博物馆、浙江省博物馆、景德镇陶瓷博物馆、南京博物院都有陈列,虽然不多,但这些栖息着灵魂的容器看得多了,脑子里自然就把当地古代人的灵魂梳理出来。

这就是逛博物馆的乐趣。有点类似"熟读唐诗三百首,不会作诗也会吟"的快感。

因为时间限制,看博物馆、走访古迹的时间都是碎片化的,大部分时候是周末,有时是利用出差的间隙。

大型博物馆如重庆中国三峡博物馆、四川博物院、山西博物院、内蒙古博物院,精品繁多,在常设展馆中,都能让人一看再看,临展时不多,得抓紧时间去看。而周边的小博物馆也有精品,比如泸州的泸县宋代石刻博物馆、遂宁的中国宋瓷博物馆、四川的自贡恐龙博物馆、重庆的永川博物馆、忠州博物馆、铜梁博物馆等,他们有一些是因地制宜,在考古发掘之地建立的博物馆,有时连土灰都还是新鲜的呢!这大大小小的博物馆藏品丰富、历史浩然,徘徊于那片古物之中,让人有一种沉浸式的迷恋。

因为在重庆主城工作居住,重庆中国三峡博物馆(以下简称三峡博物馆)便是我常去的地方,常看常新。这个地方经常被外地游客作为重庆的网红打卡地,大多逛了一圈就离开了,但实际上此处的古物,须得多看,才会有印象、有心得。

我已经忘记自己第一次看是哪年,后来对某个文物有了特别的兴趣,又专门去看,印象更深。比如专门去看青铜器、德化窑、摇钱树、牛文化、鼠文化系列,孔子说的"温故而知新",便慢慢渗透出来,离重庆中国三峡博物馆三千米的地方,有重庆文化遗产研究院,它的前身是重庆市考古所,有时我也会去那里查证数据、资料、史实。那里的工作人员给我提供了不少帮助。

旅行,是换一种方式学习。我在外地的博物馆里,集中看到了某类文物,比如看到山西博物院里展出的金朝瓷枕系列,规模宏大,就想又回头来看看重庆、四川地区相关的出土文物。结果在重庆市永川区的永川博物馆也看见了瓷枕,数量虽然不多,但是在永川博物馆里却很有特点,这激发了我要记录下来的念头。

周末得闲,我也专门会买一张动车票去外省,看四川博物院、成都市博物馆、汉中博物馆、贵州博物馆、恩施自治州博物馆的展览。

记得有一年国庆长假,我本来计划主要去内蒙古看看沙漠、草原,体会异域风情,当然也安排了博物馆的日程。结果计划不如变化快,我不知不觉就沉浸在各类博物馆里,占用了大半个行程。在内蒙古的首府呼和浩特市,观看了昭君博物馆,其中还有匈奴陈列馆的展出文物,非常震惊。我索性把行程的最后两天全部留给了内蒙古博物院,结果看着看着就忘记了吃饭时间,最后一天中午午饭也没赶上吃,就一路狂奔去机场。

连我自己都意外,怎么居然没有看完?而且看的还只是常设展馆。

沉浸在北方游牧民族的叙事空间里,置身于草原帝国的遗存中,我感到内心的磅礴、起伏。

我们这一代人,从小学、中学、大学接受的历史教育,一直沿袭的是汉族历史文化的叙事视角,在教科书以外,我们还会被西方学者的中国历史观所震撼,比如《哈佛中国史》系列,但书本到底是书本,万卷书和万里路毕竟是有区别的。

这种区别就是体验感。体验感会增加经验。

到了内蒙古才发现，多看看当地的博物馆，会有更为成熟的体会和认知。过去的匈奴、蒙古、契丹、大金，在他们出土的文物中，凝聚着高歌猛进的历史。雕刻有老虎、骆驼、马的青铜鼎、青铜刀剑，造型光洁繁复的大金瓷器……从春秋战国直至清朝的少数民族地区，一样有精彩的故事、复杂的人性、钩心斗角、浮浮沉沉，这些地区并不是游荡在汉族历史叙述中的边缘、只因甘于或不甘于被控制而进入中原王朝视野的地方，那里同样波谲云诡，故事藏着故事。

有趣的是，我在内蒙古博物院中，看到许多用桦树皮做成的水壶、箱子、板凳，结果走出博物院不到两千米，就看见人行道上满是金光灿灿的桦树，那种感觉真是奇妙啊，就好像可以在历史中任意滑行，滑行是有速度的，这从古到今的高速滑行让你瞬间对历史充满了意味深长的理解和再理解。

其实，到一个陌生地方，博物馆是最全面、最直接的历史之钥、文化之钥。博物馆以及残存古迹，展现的是书本之外的另一面，也有一些散落各处或不便于搬迁到场馆里的文保单位，它们依然值得我"行万里路"。

寻古、问古，让我们离智者的世界更接近。

不断考古出土的文物、遗迹，会更新、完善我们对历史的定义和理解，更多的历史叙述角度进入当下，是一件好事，其中增加的文化趣味、文学理解、女性视角等，让历史不再是由几部正史作为代表，代表政权意志的严肃、刻板的单一叙事。

此外，特别感谢我的责编，广西师范大学出版社的邹湘侨先生，对本书独具慧眼，严谨、认真地编辑此书，感谢他和他的团队精心地付出；感谢铜梁博物馆的刘华刚先生、泸县宋代石刻博物馆的梁杨女士、重庆市文化遗产研究院的徐进先生,在我写作之时,给予的技术支持和帮助。

  复线的历史观,也在这越来越多元的个人考古志、个人博物志中,得到了幽微、细腻、广博的呈现。